H. CLESS 1973

LA COMTESSE

DE CHARNY

PAR

ALEXANDRE DUMAS.

12

PARIS
ALEXANDRE CADOT, ÉDITEUR,
37, RUE SERPENTE.

1853

LA COMTESSE DE CHARNY.

Ouvrages du Marquis de Foudras.

EN VENTE.

Le Chevalier d'Estagnol	6 vol
Diane et Vénus	4 vol.
Madeleine Repentante (*suite du Caprice*). . .	4 vol.
Un Caprice de grande dame (in-18)	3 vol.
Un Capitaine de Beauvoisis.	4 vol.
Jacques de Brancion	5 vol.
Les Gentilshommes chasseurs	2 vol.
Les Viveurs d'autrefois	4 vol.
Les Chevaliers du Lansquenet	10 vol.
Madame de Miremont	2 vol.
Lord Algernon (*suite de madame de Miremont*).	4 vol.
Lilia la Tyrolienne (*épuisé*)	4 vol.
Tristan de Beauregard (*épuisé*)	4 vol.
Suzanne d'Estoaville (in-18)	2 vol.
La comtesse Alvinzi	2 vol.
Le Capitaine La Curée	4 vol.

Sous presse.

Tout ce qui reluit n'est pas or
Un Amour de vieillard.

Ouvrages de A. de Gondrecourt.

EN VENTE.

Aventures du Chevalier de Pampelonne .	5 vol.
La Tour de Dago	5 vol
Le Bout de l'oreille	7 vol.
Le Légataire	2 vol.
Les Péchés mignons	5 vol.
Médine	2 vol.
La Marquise de Candeuil	2 vol.
Un Ami diabolique	3 vol.
Les derniers Kerven	2 vol.

Sous presse.

Les Prétendants de Catherine.
Le Capitaine Lagazette.
Mademoiselle de Cardonne.

Ouvrage d'Alexandre Dumas.

LA COMTESSE DE SALISBURY.
6 volumes in-8.
On vend séparément les derniers volumes pour compléter la première édition.

Imprimerie de E. Dépée, à Sceaux.

LA COMTESSE

DE CHARNY

PAR

ALEXANDRE DUMAS.

12

PARIS
ALEXANDRE CADOT, ÉDITEUR,
37, RUE SERPENTE.

1853

I.

L'entresol des Tuileries.

Cette protestation que copiait madame Roland, nous allons savoir ce qu'elle contenait ; mais, pour que le lecteur soit parfaitement au courant de la situation, et voie clair dans un des plus sombres mystères de la révolution, il faut d'abord qu'il passe avec nous par les Tuileries pendant la soirée du 15 Juillet.

Derrière la porte d'un appartement donnant dans un corridor obscur et désert situé à l'entresol du palais, une femme se tenait debout, l'oreille tendue, la main sur la clef, tressaillant à chaque pas qui éveillait un écho dans les environs.

Cette femme, — si nous ignorions qui elle est, — il nous serait difficile de la reconnaître; car, outre l'obscurité qui, même en plein jour règne dans ce corridor, la nuit est venue, et, soit hasard, soit préméditation, la mèche de l'unique quinquet qui y brûle est baissée, et semble près de s'éteindre.

De plus, la seconde chambre de l'appartement est seule éclairée; et c'est contre la porte de la première que cette femme attend, tressaille et écoute.

Quelle est cette femme qui attend ? — Marie-Antoinette.

Qui attend-elle? — Barnave.

O superbe fille de Marie-Thérèse! qui vous eût dit, le jour où l'on vous sacra reine des Français, qu'il arriverait un moment où, cachée derrière la porte de l'appartement de votre femme de chambre, vous attendriez, en tressaillant de crainte et d'espérance, un petit avocat de Grenoble, vous qui avez tant fait attendre Mirabeau, et qui n'avez daigné le recevoir qu'une fois!

Mais, qu'on ne s'y trompe point, c'est dans un intérêt tout politique que la reine attend Barnave ; dans cette respiration suspendue, dans ces mouvements nerveux, dans cette main qui tremble en froissant la clef, le cœur n'est pour rien, et l'orgueil seul est intéressé.

Nous disons l'orgueil, car, malgré les mille persécutions auxquelles le roi et la reine sont en butte depuis leur retour, il est évident que la vie est sauve, et que toute la question se résume dans ces quelques mots ; « Les fugitifs de Varennes perdront-ils le reste de leur pouvoir, ou reconquerront-ils leur pouvoir perdu ? »

Depuis cette soirée fatale où Charny a

quitté les Tuileries pour n'y plus rentrer, le cœur de la reine a cessé de battre. Pendant quelques jours, elle est restée indifférente à tout, même aux outrages; mais peu à peu elle s'est aperçue qu'il y avait deux points de sa puissante organisation par lesquels elle vivait encore : l'orgueil et la haine! et elle est revenue à elle pour haïr et pour se venger.

Non pas se venger de Charny, non pas haïr Andrée ; non, quand elle pense à eux, c'est elle-même qu'elle hait, c'est d'elle-même qu'elle voudrait se venger; car elle est trop loyale pour ne pas se dire que, de son côté, à elle, ont été tous les torts, et, de leur côté, à eux, tous les dévouements.

Oh ! si elle pouvait les haïr, elle serait trop heureuse !

Mais, ce qu'elle hait du plus profond de son cœur, c'est ce peuple qui a mis la main sur elle comme sur une fugitive ordinaire, qui l'a comblée de dégoûts, poursuivie d'injures, abreuvée de honte.

Oui, elle le hait bien, ce peuple qui l'a appelée *madame Déficit*, *madame Veto*, qui l'appelle l'*Autrichienne*, qui l'appellera la *veuve Capet !*

Et, si elle peut se venger, oh ! comme elle se vengera !

Or, ce que vient lui apporter Barnave,

le 15 Juillet 1791, à neuf heures du soir, tandisque madame Roland copie, en face de son mari, dans ce petit salon du troisième étage de l'hôtel Britannique, cette protestation dont nous ignorons encore le contenu, — c'est peut-être l'impuissance et le désespoir, mais c'est peut-être aussi ce mets divin qu'on appelle la vengeance.

En effet, la situation est suprême.

Sans doute, grâce à la Fayette et à l'Assemblée Nationale, le premier coup avait été paré avec le bouclier constitutionnel : le roi avait été enlevé, le roi n'avait pas fui.

Mais on se rappelle l'affiche des Cordeliers ; mais on se rappelle la proposition de Marat ; mais on se rappelle la diatribe du citoyen Prud'homme ; mais on se rappelle la boutade de Bonneville ; mais on se rappelle la motion de Camille Desmoulins ; mais on se rappelle l'axiome du général gênevois Dumont ; mais, enfin, on se rappelle qu'il va être fondé un nouveau journal auquel travaillera Brissot, et que ce journal s'appellera le *Républicain*.

Veut-on connaître le prospectus de ce journal ? Il est court, mais explicite ; c'est l'américain Thomas Payne qui l'a rédigé ; puis il a été traduit par un jeune officier qui a fait la guerre de l'indépendance, et il a été affiché avec la signature de *Duchâtelet*.

Quelle étrange chose que cette fatalité qui, des quatre coins du monde, appelle des ennemis nouveaux à ce trône qui croule! — Thomas Payne! que vient faire ici Thomas Payne, cet homme qui est de tous les pays, Anglais, Américain, Français; qui a fait tous les métiers; qui a été frabricant, maître d'école, douanier, matelot, journaliste? Ce qu'il vient faire? Il vient mêler son haleine à ce vent d'orage qui souffle impitoyablement sur ce flambeau qui s'éteint!

Voici le prospectus du *Républicain de* 1791, de ce journal qui paraissait ou qui allait paraître, quand Robespierre demandait ce que c'était qu'une république:

« Nous venons d'éprouver que l'absence d'un roi nous vaut mieux que sa présence. Il a déserté, et, par conséquent, abdiqué. La nation ne rendra jamais sa confiance au parjure, au fuyard! Sa fuite est-elle son fait ou celui d'autrui? Qu'importe! fourbe ou idiot, il est toujours indigne. Nous sommes libres de lui, et il l'est de nous; c'est un simple individu, M. Louis de Bourbon. Pour sa sûreté, elle est certaine ; la France ne se déshonorera pas ; la royauté est finie! Qu'est-ce qu'un office abandonné au hasard de la naissance, qui peut être rempli par un idiot? N'est-ce pas un rien, un néant? »

On comprend l'effet produit par une

pareille affiche collée sur les murs de Paris. Le constitutionnel Malouet en fut épouvanté ; il entra tout courant et tout effaré à l'Assemblée nationale, dénonçant le prospectus, et demandant que l'on en arrêtât les auteurs.

— Soit, répondit Pétion ; mais lisons d'abord le prospectus.

Ce prospectus, Pétion, un des rares républicains qu'il y eût alors en France, le connaissait certainement. Malouet, qui l'avait dénoncé, recula devant la lecture : si les tribunes allaient applaudir ! — et il était certain qu'elles applaudiraient.

Deux membres de l'Assemblée, Chabroud et Chapellier, réparèrent la bévue de leur collègue.

— La presse est libre, dirent-ils, et chacun, fou ou sage, a le droit d'émettre son opinion. Méprisons l'œuvre d'un insensé, et passons à l'ordre du jour.

Et l'Assemblée passa à l'ordre du jour.

Soit ! n'en parlons plus.

Mais c'est l'hydre qui menace la monarchie !

Une tête coupée, pendant qu'elle repousse, une autre mord !

On n'a pas oublié Monsieur ni la conspiration Favras : le roi écarté, Monsieur nommé régent.

Aujourd'hui il ne s'agit plus de Monsieur. — Monsieur a fui en même temps que le roi, et, plus heureux que le roi, il a gagné la frontière.

Mais M. le duc d'Orléans est resté, lui.

Il est resté avec son âme damnée, avec l'homme qui le pousse en avant : Laclos, l'auteur des *Liaisons dangereuses*.

Il existe un décret sur la régence, un décret qui moisit dans les cartons ; pourquoi n'utiliserait-on pas ce décret ?

Le 28 juin, un journal offre la régence au duc d'Orléans. Louis XVI, vous le voyez, n'existe plus, quoi qu'en ait l'Assemblée nationale : puisqu'on offre la régence au duc d'Orléans, c'est qu'il n'y a plus de roi.

Bien entendu que le duc d'Orléans fait semblant de s'étonner, et refuse.

Mais, le 1ᵉʳ juillet, Laclos, de son autorité privée, proclame la déchéance, et veut un régent; le 3, Réal établit que le duc d'Orléans est véritablement gardien du jeune prince; le 4, il demande, à la tribune des Jacobins, que l'on réimprime et que l'on proclame le décret sur la régence. Malheureusement, les Jacobins, qui ne savent pas encore ce qu'ils sont, savent au moins ce qu'ils ne sont pas : ils ne sont pas orléanistes; quoique le duc d'Orléans et le duc de Chartres fas-

sent partie de leur société. La régence
du duc d'Orléans est repoussée aux Jacobins, mais la nuit suffit à Laclos pour
reprendre haleine ; s'il n'est pas le maître aux Jacobins, il est le maître dans
son journal, et, là, il proclame la régence
du duc d'Orléans, et, comme le mot de
protecteur a été profané par Cromwell, le
régent qui aura tout pouvoir, se nommera un *modérateur*.

Et tout cela, on le voit, c'est une
campagne contre la royauté, campagne
dans laquelle la royauté, impuissante
par elle-même, n'a d'autre alliée que
l'Assemblée nationale ; or, il y a les
Jacobins, qui sont une assemblée bien
autrement influente et surtout bien au-

trement redoutable que l'Assemblée nationale!

Le 8 juillet, — voyez comme nous approchons! — Pétion y porte la question de l'inviolabilité royale.

Seulement, il sépare l'inviolabilité politique de l'inviolabilité personnelle.

On lui objecte que l'on va se brouiller avec les rois, si l'on dépose Louis XVI.

— Si les rois veulent nous combattre, répond Pétion, en déposant Louis XVI, nous leur enlevons leur plus puissant allié, tandis que, en le laissant sur le trône, nous leur donnons toute la force que nous lui aurons rendue.

Brissot à son tour monte à la tribune, et va plus loin. Il examine cette question : « Le roi peut-il être jugé ? »

— Plus tard, dit-il, nous discuterons, en cas de *destitution*, quel sera le gouvernement à substituer à la royauté.

Il paraît que Brissot fut superbe. Madame Roland était à cette séance ; écoutez ce qu'elle en dit :

« Ce ne furent point des applaudissements, ce furent des cris, des transports : trois fois l'assemblée entraînée s'est levée tout entière, les bras étendus, les chapeaux en l'air, et dans un enthousiasme inexprimable. Périsse à jamais quiconque a ressenti ou partagé ces grands mouvements, et qui pourrait encore reprendre des fers! »

Ainsi voilà que non-seulement le roi peut être jugé, mais encore que l'on applaudit avec enthousiasme celui qui résout la question.

Jugez quel terrible écho les applaudissements devaient avoir aux Tuileries!

Aussi fallait-il que l'Assemblée nationale à son tour vidât cette formidable question.

Les constitutionnels, au lieu de reculer devant le débat, le provoquèrent : ils étaient sûrs de la majorité.

Mais la majorité de l'Assemblée était

loin de représenter la majorité de la nation. N'importe! les assemblées, en général, s'inquiètent peu de ces anomalies : elles font ; c'est au peuple à défaire.

Et, quand le peuple défait ce qu'a fait une assemblée, cela s'appelle tout simplement une révolution.

Le 15 juillet, les tribunes sont remplies de gens sûrs, introduits d'avance avec des billets spéciaux. — C'est ce qu'aujourd'hui nous nommerions des claqueurs.

En outre, les royalistes gardent les corridors. On a retrouvé pour la circonstance les chevaliers du Poignard.

Enfin, sur la proposition d'un membre, on ferme les Tuileries.

Oh! sans doute, le soir de ce jour-là, la reine avait attendu Barnave aussi impatiemment qu'elle l'attendait dans la soirée du 15.

Et, cependant, ce jour-là, rien ne devait se décider; le rapport seulement fait au nom des cinq comités allait être lu.

Ce rapport disait:

« La fuite du roi n'est pas un cas prévu dans la Constitution; mais l'inviolabilité royale y est écrite. »

Les comités, considérant donc le roi comme inviolable, ne livraient à la justice que M. de Bouillé, M. de Charny, madame de Tourzel, les courriers, les domestiques, les laquais. Jamais l'ingénieuse fable des Grands et des Petits n'avait reçu une plus complète application.

C'était aux Jacobins, du reste, bien plus qu'à l'Assemblée, que la question se discutait.

Comme elle n'était pas jugée, Robespierre restait dans le vague. Il n'était ni républicain ni monarchiste : on pouvait être libre sous un roi comme avec un sénat.

C'était un homme qui se compromettait rarement que M. de Robespierre, et nous avons vu à la fin du chapitre précédent, quelles terreurs le prenaient, même quand il n'était pas compromis.

Mais il y avait là des hommes qui n'avaient point cette précieuse prudence ; ces hommes, c'étaient l'ex-avocat Danton et le boucher Legendre, — un bouledogue et un ours.

— L'Assemblée peut absoudre le roi, dit Danton ; le jugement sera réformé par la France, car la France le condamne !

— Les comités sont fous ! dit Legendre ; s'ils connaissaient l'esprit des masses, ils reviendraient à la raison... Du reste, ajouta-t-il, si je parle ainsi, c'est pour leur salut.

De pareils discours indignaient les constitutionnels. Malheureusement pour eux, ils n'étaient point en majorité aux Jacobins comme ils l'étaient à l'Assemblée.

Ils se contentèrent de sortir.

Ils eurent tort. Les gens qui quittent la place ont toujours tort, et il y a là-dessus un vieux dicton français plein de sens, « Qui quitte sa place la perd ! » dit le proverbe.

Non-seulement les constitutionnels perdirent la place, mais encore la place fut prise par des députations populaires apportant des adresses contre les comités.

Voilà ce qui allait aux Jacobins ; aussi

les députés furent-ils reçus avec acclamations.

En même temps, une adresse qui devait conquérir, de son côté, une certaine importance dans les évènements qui vont suivre, se rédigeait à l'autre bout de Paris, au fond du Marais, dans un club ou plutôt dans une société fraternelle d'hommes et de femmes que l'on appelait la société des Minimes, du lieu où elle se tenait.

Cette société était une succursale des Cordeliers ; aussi était-elle animée de l'âme de Danton. Un jeune homme de vingt-trois à vingt-quatre ans à peine, sur lequel Danton avait soufflé, et qu'il avait animé de son souffle, tenait la plume, et rédigeait cette adresse.

Ce jeune homme, c'était Jean-Lambert Tallien. L'adresse portait pour signature un nom formidable : — elle était signée : LE PEUPLE.

Le 14, la discussion s'ouvrit à l'Assemblée.

Cette fois, il avait été impossible d'interdire les tribunes au public; — impossible aussi de bourrer, comme les premières fois, les corridors et les avenues de royalistes et de chevaliers du Poignard; — impossible, enfin, de fermer le jardin des Tuileries.

Le prologue s'était joué devant les

claqueurs; mais la comédie allait être représentée devant le vrai public.

Et, il faut le dire, le public était mal disposé.

Si mal disposé, que Duport, populaire encore il y a trois mois, fut écouté dans un morne silence, quand il proposa de faire retomber sur l'entourage du roi le crime du roi.

Il alla, cependant, jusqu'au bout, étonné de parler pour la première fois sans soulever un mot, un signe d'approbation.

C'était un des astres de cette triade dont la lumière allait s'effaçant peu à peu dans le ciel politique : Duport, Lameth, Barnave.

Robespierre, après lui, monta à la tribune. Robespierre, l'homme prudent qui savait si bien s'effacer, qu'allait-il dire? L'orateur qui, huit jours auparavant, avait déclaré qu'il n'était ni monarchiste, ni républicain, pour qui allait-il se prononcer?

Il ne se prononça point.

Il vint, avec son aigre douceur, se constituer l'avocat de l'humanité ; il dit que, à son avis, il y aurait à la fois injustice et cruauté à ne frapper que les faibles ; qu'il n'attaquait point le roi, puisque l'Assemblée paraissait regarder le roi comme inviolable; mais qu'il défendait Bouillé, Charny, madame de Tourzel, les courriers, les laquais et les domestiques; tous ceux, enfin, qui, par leur position dépendante, avaient été forcés d'obéir.

L'Assemblée murmura fort pendant ce discours; les tribunes écoutaient avec une grande attention, ne sachant si elles devaient approuver ou improuver. Elles finirent par voir dans les paroles de l'orateur ce qu'il y avait véritablement : une attaque réelle à la royauté, et une fausse défense de la courtisanerie.

Alors, les tribunes applaudirent Robespierre.

Le président essaya d'imposer silence aux tribunes.

Prieur (de la Marne) voulut porter le débat sur un terrain parfaitement déblayé de subterfuges et de paradoxes.

— Mais, s'écria-t-il, que feriez-vous, citoyens, si, le roi étant mis hors de de cause, on venait vous demander qu'il fût rétabli dans son pouvoir ?

La question était d'autant plus embarrassante, qu'elle était directe; mais il y a des moments d'impudence où rien n'embarrasse les partis réactionnaires.

Desmeuniers releva l'apostrophe, et parut soutenir, au détriment du roi, la cause de l'Assemblée.

— L'Assemblée, dit l'orateur, est un corps tout puissant, et, dans sa toute-puissance, il a bien le droit de suspendre le pouvoir royal, et de maintenir cette suspension *juqu'au moment où la Constitution sera terminée.*

Ainsi le roi, qui n'avait point fui, mais qui avait été enlevé, ne serait suspendu que momentanément, et parce que la Constitution n'était point achevée ; une fois la Constitution achevée, il rentrerait de plein droit dans l'exercice de ses fonctions royales.

— Enfin, s'écria l'orateur, puisqu'on me demande (personne ne le lui demandait) puisqu'on me demande de rédiger mon explication en décret, voici le projet que je propose :

« 1° La suspension durera jusqu'à ce que le roi accepte la constitution.

« 2° S'il n'acceptait pas, l'Assemblée le déclarerait déchu. »

— Oh ! soyez tranquille, s'écria Grégoire de sa place, non seulement il acceptera, mais encore il jurera tout ce que vous voudrez !

Et il avait raison, si ce n'est qu'il eût dû dire : « *jurera* et *acceptera* tout ce que vous voudrez. »

Les rois jurent plus facilement encore qu'ils n'acceptent.

L'Assemblée allait peut-être saisir au vol le projet de décret de Desmeuniers ; mais Robespierre de sa place jeta ce mot :

— Prenez garde ! un tel décret décide d'avance que le roi ne sera pas jugé !

On était surpris en flagrant délit, on n'osa voter. Un bruit qu'on entendit à la porte tira l'Assemblée d'embarras.

C'était une députation de la société fraternelle des Minimes, apportant cette proclamation inspirée par Danton, rédigée par Tallien, et signée *le Peuple*.

L'Assemblée se vengea sur les pétitionnaires ; elle refusa d'entendre leur adresse.

Barnave, alors, se leva.

— Qu'elle ne soit pas lue aujourd'hui, dit-il; mais demain, écoutez-la, et ne vous laissez point influencer par une opinion factice... La loi n'a qu'à placer son signal, on verra s'y rallier tous les bons citoyens !

Lecteur, retenez bien ces quelques paroles, relisez ces sept mots, méditez cette phrase : *La loi n'a qu'à placer son signal !* La phrase a été prononcée le 14 ; le massacre du 17 est dans cette phrase.

Ainsi on ne se contentait plus d'escamoter au *peuple* la toute-puissance, dont il croyait être redevenu maître par la fuite de son roi, disons mieux, par la trahison de son mandataire ; on rendait publiquement cette toute-puissance à Louis XVI, et, si le *peuple* réclamait, si le *peuple* faisait des pétitions, il n'était plus qu'une opinion factice dont l'Assemblée, cet autre mandataire du peuple, aurait raison *en plaçant son signal !*

Que signifiaient ces mots : *Placer le signal de la loi ?*

Proclamer la loi martiale, et arborer le drapeau rouge.

En effet, le lendemain, 15, — c'est le jour décisif, — l'Assemblée présente un aspect formidable ; personne ne la menace, mais elle veut avoir l'air d'être menacée. Elle appelle la Fayette à son aide, et la Fayette, qui a toujours passé près du vrai peuple sans le voir, la Fayette envoie à l'Assemblée cinq mille hommes de garde nationale auxquels, pour simuler le peuple, il a soin de mêler mille piques du faubourg Saint-Antoine.

Les fusils, c'était l'aristocratie de la garde nationale ; les piques, c'en était le prolétariat.

Convaincue, comme Barnave, qu'elle n'avait qu'à arborer le signal de la loi pour rallier à elle, non pas le peuple, mais la Fayette, le commandant de la garde nationale, mais Bailly, le maire de Paris, l'Assemblée était décidée à en finir.

Or, quoique née depuis deux ans à peine, l'Assemblée était déjà rouée comme une assemblée de 1829 ou de 1846; elle savait qu'il ne s'agissait que de lasser membres et auditeurs par des discussions secondaires, et de reléguer à la fin de la séance la question principale, pour enlever d'emblée cette question. Elle perdit une moitié de la séance à entendre la lecture d'un rapport militaire sur les affaires du Département; puis elle laissa complaisamment discourir trois ou quatre membres qui avaient l'habitude de parler au milieu des conversations particulières; puis, enfin, arrivée aux limites de la discussion, elle se tut pour écouter deux discours, un de Salles, un de Barnave.

Deux discours d'avocats, lesquels convainquirent si bien l'Assemblée, que, la Fayette ayant demandé la clôture, elle vota en toute tranquillité.

Et, en effet, ce jour-là, l'Assemblée n'avait rien à craindre : elle avait *fait* les tribunes ; — qu'on nous passe ce terme d'argot, nous l'employons comme le plus significatif : — les Tuileries étaient fermées ; la police était aux ordres du président ; la Fayette siégeait au sein de la chambre pour demander la clôture ; Bailly stationnait sur la place à la tête du conseil municipal, et tout prêt à faire ses sommations. Partout l'autorité sous les armes offrait le combat au peuple.

Aussi le peuple, qui n'était pas en mesure de combattre, s'écoula-t-il tout le long des baïonnettes et des piques, et s'en alla-t-il à son Mont-Aventin à lui, c'est-à-dire au Champ-de-Mars.

Et, notez bien ceci, il ne s'en allait pas au Champ-de-Mars pour se révolter, pour *se mettre en grève* comme le peuple Romain ; non, il allait au Champ-de-Mars parce qu'il était sûr d'y retrouver l'autel de la patrie, que, depuis le 14, on n'avait pas encore eu le temps de démolir, — si prompts que soient d'ordinaire les gouvernements à démolir les autels de la patrie.

La foule voulait rédiger là une protestation, et faire passer cette protestation à l'Assemblée.

Pendant que la foule rédigeait sa protestation, l'Assemblée votait :

1o Cette mesure préventive :

« Si le roi rétracte son serment, s'il attaque son peuple ou ne le défend point, il abdique, devient simple citoyen, et est accusable pour les délits postérieurs à son abdication ; »

2° Cette mesure répressive :

« Seront poursuivis : Bouillé, comme coupable principal, et, comme coupables secondaires, toutes les personnes ayant pris part à l'enlèvement du roi. »

Au moment où l'Assemblée venait de voter, la foule avait rédigé et signé sa protestation ; elle revenait pour la présenter à l'Assemblée, qu'elle trouva mieux gardée que jamais. Tous les pouvoirs étaient militaires ce jour là : le président de l'Assemblée était Charles Lameth, un jeune colonel ; le commandant de la garde nationale était la Fayette, un jeune général ; il n'y avait pas jusqu'à notre digne astronome Bailly, qui, ayant noué sur son habit de savant la ceinture tricolore, et coiffé sa tête pensive du tricorne municipal, n'eût, au milieu de ses baïonnettes et de ses piques, un certain air guerrier ; si bien qu'en le voyant ainsi, madame Bailly eût pu le prendre pour la Fayette, comme, disait-on, elle prenait parfois la Fayette pour lui.

La foule parlementa; elle était si peu hostile, qu'il n'y avait pas moyen de ne point parlementer. Le résultat de cette *parlementation* fut que l'on permettrait aux députés de parler à MM. Pétion et Robespierre. — Voyez-vous grandir la popularité de nouveaux noms au fur et à mesure que baisse celle des Duport, des Lameth, des Barnave, des la Fayette et des Bailly? — Les députés, au nombre de six, partirent pour l'Assemblée bien accompagnés. Robespierre et Pétion, prévenus, coururent les recevoir au passage des Feuillants.

Il était trop tard, le vote était porté ;

Les deux membres de l'Assemblée, qui n'étaient point favorables à ce vote, n'en rendirent probablement pas compte aux députés du peuple de manière à le leur faire doucement avaler. Aussi ces députés revinrent-ils furieux vers ceux qui les avaient envoyés.

Le peuple avait perdu la partie avec le plus beau jeu que la fortune eût jamais mis entre les mains d'un peuple !

Par cela même il était en colère : il se répandit dans la ville et commença par faire fermer les théâtres. — Les théâtres fermés, ainsi que le disait un de nos amis en 1830, c'est le drapeau noir sur Paris.

L'Opéra avait garnison, il résista.

La Fayette, avec ses quatre mille fusils et ses mille piques, ne demandait pas mieux que de réprimer cette émeute naissante ; l'autorité municipale lui refusa des ordres.

Jusque là, la reine avait été tenue au courant des évènements, mais les rapports s'étaient arrêtés là, leur suite s'était perdue dans la nuit moins sombre qu'eux.

Barnave, qu'elle attendait avec tant d'impatience, devait lui dire ce qui s'était passé dans la journée du 15.

Tout le monde, du reste, sentait l'approche de quelque évènement suprême.

Le roi, qui attendait aussi Barnave dans la seconde chambre de madame Campan, avait été prévenu de l'arrivée du docteur Gilbert, et, pour donner plus d'attention au récit des évènements, il était remonté chez lui, gardant Gilbert, et laissant Barnave à la reine.

Enfin, vers neuf heures et demie, un pas résonna dans l'escalier, une voix se fit entendre, échangeant quelques mots avec la sentinelle qui se tenait sur le palier, puis un jeune homme parut au bout du corridor, vêtu d'un habit de lieutenant de la garde nationale.

C'était Barnave.

La reine, le cœur palpitant, comme si

cet homme eût été l'amant le plus adoré, tira la porte, et Barnave, après avoir regardé devant lui et derrière lui, se glissa par l'entrebâillement.

La porte se referma aussitôt, et, avant aucune parole échangée, on entendit le grincement d'un verrou dans sa gâche.

II

La journée du 16 juillet.

Le cœur de tous deux battait avec une égale violence, mais sous l'impulsion de deux sentiments bien opposés. Le cœur de la reine battait à l'espoir de la vengeance ; le cœur de Barnave battait au désir d'être aimé.

La reine entra vivement dans la seconde pièce, cherchant, pour ainsi dire, la lumière. Elle ne craignait certes ni Barnave ni son amour; elle savait combien cet amour était respectueux et dévoué; mais, par un instinct de femme, elle fuyait l'obscurité.

Arrivée dans la seconde pièce, elle se laissa aller sur une chaise.

Barnave s'arrêta au seuil de la porte, et embrassa d'un regard tout le périple de la petite chambre, éclairée par deux bougies seulement.

Il s'attendait à trouver le roi : le roi avait assisté à ses deux précédentes entrevues avec Marie-Antoinette.

La chambre était solitaire. Pour la première fois depuis sa promenade dans la galerie de l'évêché de Meaux, il allait se trouver en tête-à-tête avec la reine.

Sa main se porta d'elle-même sur son cœur : elle en comprimait les battements.

— Oh ! monsieur Barnave, dit la reine après un moment de silence, je vous attends depuis deux heures.

Le premier mouvement de Barnave, à ce reproche, fait avec une voix si douce, qu'elle cessait d'être accusatrice pour devenir plaintive, eût été de se jeter aux pieds de la reine si le respect ne l'eût retenu.

C'est le cœur qui indique que, par

fois, tomber aux genoux d'une femme, c'est lui manquer de respect.

— Hélas ! madame, cela est vrai, dit-il ; mais j'espère que Votre Majesté est bien convaincue que ma volonté n'est pour rien dans ce retard.

— Oh ! oui, dit la reine avec un petit mouvement de tête affirmatif : je sais que vous êtes dévoué à la monarchie.

— Je suis dévoué à la reine surtout, dit Barnave ; voilà ce dont je désire que Votre Majesté soit bien persuadée.

— Je n'en doute pas, monsieur Barnave... Ainsi vous n'avez pas pu venir plus tôt ?

— J'ai tenté de venir à sept heures, madame ; mais il faisait encore trop grand jour, et j'ai rencontré — comment un pareil homme ose-t-il approcher de votre palais ! — j'ai rencontré M. Marat sur la terrasse.

— M. Marat? dit la reine comme si elle cherchait dans ses souvenirs ; n'est-ce pas un gazetier qui écrit contre nous?

— Qui écrit contre tout le monde, oui... Son œil de vipère m'a suivi jusqu'à ce que j'eusse disparu par la grille des Feuillants... J'ai passé sans même oser jeter un regard sur vos fenêtres. Par bonheur, au pont Royal, j'ai rencontré Saint-Prix.

— Saint-Prix ! qu'est-ce que cela? dit la reine avec un mépris presque égal à celui qu'elle venait de montrer pour Marat; un comédien ?

— Oui, madame, un comédien, reprit Barnave; mais, que voulez-vous? c'est un des caractères de notre époque: comédiens et gazetiers, gens dont autrefois les rois ne connaissaient l'existence que pour leur faire donner des ordres auxquels ils étaient trop heureux d'obéir, comédiens et gazetiers sont devenus des citoyens ayant leur part d'influence, se mouvant d'après leur volonté, agissant selon leur inspiration, pouvant — rouages importants de la grande machine dont la royauté n'est aujourd'hui que la roue supérieure — pouvant faire le bien, pouvant faire le mal... Saint-Prix a raccommodé ce qu'avait gâté Marat.

— Comment cela ?

— Saint-Prix était en uniforme. Je le connais beaucoup, madame ; je me suis approché de lui ; je lui ai demandé où il montait la garde : c'était, par bonheur, au château ! Je savais que je pouvais me fier à sa discrétion : je lui ai dit que j'avais l'honneur d'avoir une audience de vous...

— Oh! monsieur Barnave !

— Fallait-il mieux renoncer... à l'honneur (Barnave allait dire *au bonheur,* il se reprit) valait-il mieux renoncer à l'honneur de vous voir, et vous laisser ignorer les importantes nouvelles que j'ai à vous apprendre ?

— Non, dit la reine, vous avez bien fait... Et vous croyez que vous pouvez vous fier à M. Saint-Prix ?

— Madame, dit gravement Barnave, le moment est suprême, croyez-le bien ; les hommes qui vous restent à cette heure sont des amis véritablement dévoués, car, si, demain, — et cela se décidera demain, — lés Jacobins l'emportent sur les constitutionnels, vos amis seront des complices... Et, vous l'avez vu, la loi n'écarte de vous la punition que pour en frapper vos amis, qu'elle appelle vos complices.

— C'est vrai, reprit la reine. Alors, vous dites que M. Saint-Prix ?...

— M. Saint-Prix, madame, m'a dit qu'il était de garde aux Tuileries de neuf heures à onze, qu'il tâcherait d'avoir le poste des entresols, et qu'alors, pendant ces deux heures, Votre Majesté aurait toute liberté de me donner ses ordres... seulement, il m'a conseillé de prendre moi-même le costume d'officier de la garde nationale ; — et j'ai suivi son conseil, comme le voit Votre Majesté.

— Et vous avez trouvé M. Saint-Prix à son poste ?

— Oui, madame... Il lui en a coûté deux billets de spectacle pour obtenir ce poste de son sergent... Vous voyez, ajouta en souriant Barnave, que la corruption est facile.

— M. Marat... M. Saint-Prix... deux billets de spectacle... répéta la reine en jetant un regard effrayé dans l'abime d'où sortent les petits événements qui, aux jours de révolution, tissent la destinée des rois.

— Oh! mon Dieu! oui, dit Barnave; c'est étrange, n'est-ce pas, madame? C'est ce que les anciens appelaient la fatalité; c'est ce que les philosophes appellent le hasard, c'est ce que les croyants nomment la Providence.

La reine tira le long de son beau col

une boucle de cheveux, et la regarda tristement.

— Enfin, c'est ce qui a fait blanchir mes cheveux! dit-elle.

Puis, revenant à Barnave et au côté politique de la situation, abandonné un instant pour le côté vague et pittoresque :

— Mais, reprit-elle, je croyais avoir entendu dire que nous avions obtenu aujourd'hui une victoire à l'Assemblée.

— Oui, madame, nous avons obtenu une victoire à l'Assemblée ; mais nous venons d'essuyer une défaite aux Jacobins.

— Mais, mon Dieu! dit la reine, je n'y

comprends plus rien, moi... Je croyais que les Jacobins étaient à vous, à M. Lameth et à M. Duport ; que vous les teniez dans la main ; que vous en faisiez ce que vous vouliez ?

Barnave secoua tristement la tête.

— C'était ainsi autrefois, dit-il ; mais un nouvel esprit a soufflé sur l'Assemblée.

— D'Orléans, n'est-ce pas ? dit la reine.

— Oui, pour le moment, c'est de là que vient le danger.

— Le danger ? mais, encore une fois, n'y avons-nous pas échappé par le vote d'aujourd'hui ?

— Comprenez bien ceci, madame, — car, pour faire face à une situation, il faut la connaître, — voici le vote d'aujourd'hui : « Si un roi rétracte son serment, s'il attaque ou ne défend point son peuple, il abdique, devient simple citoyen, et accusable pour les délits postérieurs à son abdication. »

— Eh bien, dit la reine, le roi ne rétractera pas son serment ; le roi n'attaquera pas son peuple, et, si l'on attaque son peuple, le roi le défendra.

— Oui, mais, par ce vote, madame, dit Barnave, une porte reste ouverte aux révolutionnaires et aux orléanistes. L'Assemblée n'a pas statué sur le roi : elle a voté des mesures préventives contre une seconde désertion, mais elle a laissé de côté la première, et, ce soir, aux Jacobins, savez-vous ce que Laclos, l'homme du duc d'Orléans, a proposé ?

— Oh ! quelque chose de terrible sans doute ! Que peut proposer de salutaire l'auteur des *Liaisons dangereuses?*

— Il a demandé que l'on fît, à Paris et par toute la France, une pétition pour réclamer la déchéance. Il a répondu de dix millions de signatures.

— Dix millions de signatures ! s'écria la reine ; mon Dieu ! sommes-nous donc si fort haïs, que dix millions de Français nous repoussent ?

— Oh! madame, les majorités sont faciles à faire !

— Et la motion de M. Laclos a-t-elle passé ?

— Elle a soulevé une discussion... Danton a appuyé.

— Danton ? mais je croyais que ce M. Danton était à nous ?.. M. de Montmorin m'avait parlé d'une charge d'avocat aux conseils du roi vendue ou achetée, je ne sais plus bien, et qui nous donnait cet homme.

— M. de Montmorin s'est trompé, madame ; si Danton était à quelqu'un, il serait au duc d'Orléans.

— Et M. de Robespierre, a-t-il parlé, lui ?... On dit qu'il commence à prendre une grande influence.

— Oui, Robespierre a parlé. Il n'était point pour la pétition ; il était simplement pour une adresse aux sociétés jacobines de province.

— Mais il faudrait, cependant, avoir M. de Robespierre, s'il acquiert une semblable importance.

— On n'a pas M. de Robespierre, madame : M. de Robespierre est à lui-même, — à une idée, à une utopie, à un fantôme, à une ambition peut-être.

— Mais, enfin, son ambition, quelle

qu'elle soit, nous pouvons la satisfaire...
Supposez qu'il veuille être riche ?

— Il ne veut pas être riche.

— Etre ministre, alors ?

— Peut-être veut-il être plus que ministre !

La reine regarda Barnave avec un certain effroi.

— Il me semblait, cependant, dit-elle, qu'un ministère était le but le plus élevé auquel un de nos sujets pût atteindre ?

— Si M. de Robespierre regarde le roi comme déchu, il ne se regarde pas comme le sujet du roi.

— Mais qu'ambitionne-t-il donc, alors? demanda la reine épouvantée.

— Il y a, dans certains moments, madame, des hommes qui rêvent de nouveaux titres politiques, à la place des vieux titres effacés.

— Oui, je comprends que M. le duc d'Orléans rêve d'être régent, soit ; sa naissance l'appelle à cette haute fonction. Mais M. de Robespierre, un petit avocat de province !...

La reine oubliait que Barnave, lui aussi, était un petit avocat de province.

Barnave resta impassible, soit que

le coup eût glissé sans l'atteindre, soit qu'il eût eu le courage de le recevoir, et d'en cacher la douleur.

— Marius et Cromwell étaient sortis des rangs du peuple, madame, dit-il.

— Marius! Cromwell!... Hélas! quand j'entendais prononcer ces noms dans mon enfance, je ne me doutais pas qu'un jour ils retentiraient d'une manière si fatale à mon oreille!... Mais, cependant, voyons, — car sans cesse nous nous écartons des faits pour nous lancer dans les appréciations, — M. de Robespierre, m'avez-vous dit, s'opposait à cette pétition proposée par M. Laclos, et appuyée par M. Danton.

— Oui, mais, en ce moment, il est entré un flot de peuple, les aboyeurs ordinaires du Palais-Royal, une bande de filles, une machine montée pour appuyer Laclos ; et, non-seulement la motion de celui-ci a passé, mais encore il a été arrêté que, demain, à onze heures du matin, les Jacobins réunis entendraient la lecture de la pétition, qu'elle serait portée au Champ-de-Mars, signée sur l'autel de la patrie, et envoyée, de là, aux sociétés de province, qui signeront à leur tour.

— Et, cette pétition, qui la rédige ?

— Danton, Laclos et Brissot.

— Trois ennemis ?

—Oui, madame.

— Mais, mon Dieu! nos amis les constitutionnels, que font-ils donc?

— Ah! voilà!... Eh bien, madame, ils sont décidés à jouer, demain, le tout pour le tout.

— Mais ils ne peuvent plus rester aux Jacobins?

— Votre admirable intelligence des hommes et des choses, madame, vous fait voir la situation telle qu'elle est... Oui, conduits par Duport et Lameth, vos amis viennent de se séparer de vos ennemis. Ils opposent les Feuillants aux Jacobins.

— Qu'est-ce que cela, les Feuillants? Excusez-moi, je ne sais rien. Il entre tant de noms et de mots nouveaux dans notre langue politique, que chacune de mes paroles est une question.

— Madame, les Feuillants, c'est ce grand bâtiment placé près du Manège, appuyé à l'Assemblée, par conséquent, et qui donne son nom à la terrasse des Tuileries.

— Et qui sera encore de ce club?

— La Fayette, c'est-à-dire la garde nationale; Bailly, c'est-à-dire la municipalité.

— La Fayette, la Fayette... vous croyez pouvoir compter sur la Fayette?

— Je le crois sincèrement dévoué au roi.

— Dévoué au roi, comme le bûcheron au chêne qu'il coupe dans sa racine ! Bailly, passe encore : je n'ai point eu à me plaindre de lui ; je dirai même plus, il m'a remis la dénonciation de cette femme qui avait deviné notre départ. Mais la Fayette...

— Votre Majesté le jugera dans l'occasion.

— Oui, c'est vrai, dit la reine en jetant un regard douloureux en arrière, oui... Versailles... — Eh bien ! ce club, revenons-y : que va-t-on y faire ? que va-t-on y proposer ? quelle puissance aura-t-il ?

— Une puissance énorme, puisqu'il disposera à la fois, comme je le disais à Votre Majesté, de la garde nationale, de la municipalité et de la majorité de l'Assemblée, qui vote avec nous. Que restera-t-il aux Jacobins? cinq ou six députés peut-être : Robespierre, Pétion, Laclos, le duc d'Orléans ; tous éléments hétérogènes qui ne trouveront plus à remuer que la tourbe des nouveaux membres, des intrus, une bande d'aboyeurs qui feront du bruit, mais qui n'auront aucune influence.

— Dieu le veuille, monsieur! En attendant, que compte faire l'Assemblée?

— L'Assemblée compte, dès demain, admonester vivement M. le maire de

Paris sur son hésitation et sa mollesse d'aujourd'hui. Il en résultera que le bonhomme Bailly, qui est de la famille des pendules, et qui n'a besoin, pour marcher, que d'être remonté à son heure, étant monté, marchera.

En ce moment, onze heures moins un quart sonnèrent, et l'on entendit tousser la sentinelle.

— Oui, oui, murmura Barnave, je le sais, il est temps que je me retire; et, cependant, il me semble que j'avais encore mille choses à dire à Votre Majesté.

— Et moi, monsieur Barnave, dit la reine, je n'en ai qu'une à vous répondre c'est que je vous suis reconnaissante, à vous et à vos amis, des dangers auxquels vous vous exposez pour moi.

— Madame, dit Barnave, le danger est un jeu auquel j'ai tout à gagner, que je sois vaincu ou vainqueur, si vaincu ou vainqueur, la reine me paye d'un sourire.

— Hélas! monsieur, dit la reine, je ne sais plus guère ce que c'est que sourire! mais vous faites tant pour nous, que j'essaierai de me rappeler l'époque où j'étais heureuse, et je vous promets que mon premier sourire sera pour vous.

Barnave s'inclina, la main sur son cœur, et sortit à reculons.

— A propos, dit la reine, quand vous reverrai-je?

Barnave parut calculer.

— Demain, la pétition et le second vote de la chambre... Après-demain, l'explosion et la répression provisoire... Dimanche au soir, madame, je tâcherai de venir vous dire ce qui se sera passé au Champ-de-Mars.

Et il sortit.

La reine remonta toute pensive chez son mari, qu'elle trouva aussi pensif qu'elle. Le docteur Gilbert venait de le quitter, et lui avait dit à peu près les mêmes choses que Barnave avait dites à la reine.

L'un et l'autre n'eurent besoin que d'échanger un regard pour voir que des deux côtés les nouvelles avaient été sombres.

Le roi venait d'écrire une lettre.

Il présenta cette lettre, sans mot dire, à la reine.

C'étaient des pouvoirs donnés à Monsieur, pour qu'il sollicitât, au nom du roi de France, l'intervention de l'empereur d'Autriche et du roi de Prusse.

— Monsieur m'a fait bien du mal, dit la reine; Monsieur me hait et me fera encore tout le mal qu'il me pourra faire ; mais, puisqu'il a la confiance du roi, il a la mienne.

Et, prenant la plume, elle mit héroïquement sa signature à côté de celle du roi.

III

Où nous arrivons, enfin, à cette protestation que recopiait madame Roland.

La conversation de la reine avec Barnave a donné, nous l'espérons, à nos lecteurs une idée exacte de la situation dans laquelle se trouvaient tous les partis le 15 juillet 1791 :

Les nouveaux Jacobins perçànt à la place des anciens ;

Les anciens Jacobins créant le club des Feuillants ;

Les Cordeliers, dans la personne de Danton, Camille Desmoulins et Legendre, se réunissant aux nouveaux Jacobins.

L'Assemblée, devenue royaliste constitutionnelle, décidée à maintenir le roi à tout prix ;

Le peuple, résolu à obtenir la déchéance par tous les moyens possibles, mais résolu, en même temps, à employer d'abord celui de la protestation et de la pétition.

Maintenant, que s'était-il passé pendant la nuit et la journée écoulées entre cette entrevue de Barnave et de la reine, protégée par l'acteur Saint-Prix, et le moment où nous allons rentrer chez madame Roland?

Nous allons le dire en quelques mots.

Pendant cette conversation d'abord, et au moment même où elle finissait, trois hommes étaient assis autour d'une table, avec du papier, des plumes, de l'encre devant eux, chargés qu'ils étaient par les Jacobins de rédiger la pétition.

Ces trois hommes, c'étaient Danton, Laclos et Brissot.

Danton n'était point l'homme de ces

sortes de réunions; d'ailleurs, dans sa vie toute de plaisir et de mouvement, il attendait avec impatience la fin de chaque comité dont il faisait partie.

Au bout d'un instant, il se leva donc, laissant Brissot et Laclos rédiger la pétition comme ils l'entendraient.

Laclos le vit sortir, et le suivit des yeux jusqu'à ce qu'il eût disparu, de l'oreille jusqu'à ce qu'il lui eût entendu fermer la porte.

Cette double fonction de ses sens parut le tirer un instant de cette somnolence factice sous laquelle il cachait son infatigable activité; puis il s'affaissa sur son fauteuil, et, laissant tomber la plume de sa main :

— Ah! ma foi, mon cher monsieur Brissot, dit-il, rédigez-nous cela comme vous l'entendrez; quant à moi, je me récuse... Ah! si c'était un mauvais livre, comme on dit à la cour, une suite des *Liaisons dangereuses*, j'en ferais mon affaire; mais une pétition, une pétition... ajouta-t-il en bâillant à se démonter la mâchoire, cela m'ennuie horriblement !

Brissot était, au contraire, l'homme de ces sortes de rédactions. Convaincu donc qu'il rédigerait la pétition mieux que personne, il accepta le mandat que lui donnait l'absence de Danton et la démission de Laclos, lequel ferma les yeux, s'accommoda du mieux qu'il put dans son fauteuil, comme s'il voulait dormir, et s'apprêta à peser chaque phrase, chaque mot, chaque lettre, afin d'y intercaler à l'occasion une réserve pour la régence de son prince.

A mesure que Brissot écrivait une phrase, il la lisait, et Laclos approuvait, d'un petit mouvement de tête et d'une petite intonation de voix.

Brissot mit en lumière en faisant ressortir la situation :

1° Le silence hypocrite ou timide de l'Assemblée, qui n'avait point voulu ou n'avait point osé statuer sur le roi ;

2° L'abdication de fait de Louis XVI, puisqu'il avait fui, et que l'Assemblée l'avait suspendu, fait poursuivre et arrêter. On ne poursuit pas, on n'arrête pas, on ne suspend pas son roi, ou, si on le poursuit, si on le suspend, si on l'arrête, c'est qu'il n'est plus roi ;

3° La nécessité de pourvoir à son *remplacement*.

— Bien! bien! dit Laclos à ce dernier mot.

Puis, comme Brissot allait continuer :

— Attendez... attendez! dit le secrétaire du duc d'Orléans, il me semble qu'après ces mots : « A son remplacement » il y a quelque chose à ajouter... quelque chose qui nous rallie les esprits timides. Tout le monde n'a pas encore, comme nous, jeté son bonnet par-dessus les ponts.

— C'est possible, dit Brissot, qu'ajouteriez-vous ?

—Oh ! c'est bien plutôt à vous qu'à moi à trouver cela, mon cher monsieur Brissot... J'ajouterais... voyons...

Laclos fit semblant de chercher une phrase qui, depuis longtemps toute formulée dans son esprit, n'attendait que le moment d'en sortir.

— Eh bien, dit-il enfin, après ces mots, par exemple : « La nécessité de pourvoir à son remplacement » j'ajouterais : « Par tous les moyens constitutionnels. »

Etudiez et admirez, ô hommes politiques, rédacteurs passés, présents et futurs de pétitions, de protestations, de projets de lois.

C'était bien peu de choses, n'est-ce pas, que ces mots inoffensifs ?

Eh bien; vous allez voir, — c'est-à-dire ceux de mes lecteurs qui ont le bonheur de n'être point des hommes politiques, vont voir où nous menaient ces cinq mots : « Par tous les moyens constitutionnels. »

Tous les moyens constitutionnels de pourvoir au remplacement du roi se réduisaient à un seul.

Ce seul moyen, c'était *la régence*.

Or, en l'absence du comte de Provence et du comte d'Artois, frères de Louis XVI et oncles du Dauphin, — dépopularisés, d'ailleurs, par leur émigration, — à qui revenait la régence?

Au duc d'Orléans.

Cette petite phrase innocente, glissée dans une pétition rédigée au nom du peuple, faisait donc toujours, au nom de ce peuple, M. le duc d'Orléans régent!

C'est une belle chose, n'est-ce pas, que la politique? seulement, il faudra encore bien du temps au peuple pour y voir clair, quand il aura affaire à des hommes de la force de M. Laclos!

Soit que Brissot ne devinât point la mine enfermée dans ces cinq mots, et toute prête à éclater lorsqu'il le faudrait, soit qu'il ne vît pas le serpent qui s'était glissé sous cette adjonction, et qui relèverait sa tête sifflante quand le moment serait venu, soit enfin que lui-même, sachant ce qu'il risquait comme rédacteur de cette pétition, ne fût point fâché de se ménager une porte de sortie, il ne fit aucune objection, et il ajouta la phrase en disant :

— En effet, cela nous ralliera quelques constitutionnels... l'idée est bonne, monsieur de Laclos !

Le reste de la pétition était conforme au sentiment qui l'avait fait décréter.

Le lendemain, Pétion, Brissot, Danton, Camille-Desmoulins et Laclos se rendent aux Jacobins. Ils apportent la pétition.

La salle est vide ou à peu près.

Tout le monde est aux Feuillants.

Barnave ne s'était point trompé : la désertion était complète.

Aussitôt Pétion court aux Feuillants.

Qu'y trouve-t-il ? Barnave, Duport et Lameth, rédigeant une adresse aux sociétés jacobines de province, adresse par laquelle ils annoncent à celles-ci que le club des Jacobins n'existe plus, et vient d'être transporté aux Feuillants sous le titre de *Société des Amis de la Constitution.*

Ainsi cette association qui a coûté tant de peine à fonder, et qui, pareille à un réseau, s'étend sur toute la France, va cesser d'agir, paralysée par l'hésitation.

A qui croira-t-elle, à qui obéira-t-elle, des vieux Jacobins ou des nouveaux?

Pendant ce temps, on fera le coup d'État contre-révolutionnaire, et le peuple, qui n'aura pas de point d'appui, s'endormant sur la foi de ceux qui veillent pour lui, se réveillera vaincu et garrotté.

Il s'agit de faire face à l'orage.

Chacun rédigera sa protestation qu'il enverra en province, là où il croira avoir quelque crédit.

Roland est le député spécial de Lyon : il a une grande influence sur la population de cette seconde capitale du royaume; Danton, avant de se rendre au Champ-de-Mars, — où l'on doit, à défaut des Jacobins, que l'on n'a point trouvés, faire signer la pétition par le peuple, — passe chez Roland, lui explique la situation, et l'engage à envoyer sans retard une protestation aux Lyonnais, s'en rapportant à lui pour la rédaction de cette pièce importante.

Le peuple de Lyon donnera la main

au peuple de Paris, et protestera en même temps que lui.

C'est cette protestation, rédigée par son mari, que recopie madame Roland.

Quant à Danton, il est allé rejoindre ses amis au Champ-de-Mars.

Au moment où il arrive, une grande discussion s'y vide : au milieu de l'immense arène est l'autel de la patrie, élevé pour la fête du 14, et qui est resté là comme le squelette du passé.

C'est, ainsi que nous l'avons dit à propos de la fédération de 1790, une plateforme à laquelle on monte par quatre escaliers correspondant aux quatre points cardinaux.

Sur l'autel de la patrie est un tableau représentant le triomphe de Voltaire, qui a eu lieu le 12 ; sur le tableau est l'affiche des Cordeliers, portant le serment de Brutus.

La discussion avait justement lieu sur les cinq mots introduits dans la pétition par Laclos.

Ils allaient passer inaperçus, lorsqu'un homme paraissant appartenir à la classe populaire par son costume et par ses manières, d'une franchise qui touche à la violence, arrête le lecteur brusquement.

— Halte-là ! dit-il ; on trompe le peuple !

— Comment cela ? demanda le lecteur.

Avec ces mots : « Par tous les moyens constitutionnels, » vous remplacez 1 par 1... vous refaites une royauté, et nous ne voulons plus de roi.

— Non, plus de royauté ! non, plus de roi ! cria la majeure partie des assistants.

Chose étrange ! ce furent alors les Jacobins qui prirent le parti de la royauté !

— Messieurs, messieurs, s'écrièrent-ils, prenez garde! plus de royauté, plus de roi, c'est l'avènement de la république, et nous ne sommes pas mûrs pour la république.

— Nous ne sommes pas mûrs, dit l'homme du peuple? soit... Mais un ou deux soleils comme celui de Varennes nous mûriront.

— Aux voix! la pétition! aux voix!

— Aux voix! répétèrent ceux qui avaient déjà crié : « Plus de royauté! plus de roi! »

Il fallut aller aux voix.

— Que ceux qui veulent qu'on ne reconnaisse plus Louis XVI, ni aucun autre roi, dit l'inconnu, lèvent la main.

Une si puissante majorité leva la main, qu'on n'eut pas même besoin de recourir à la contre-épreuve.

— C'est bien, dit le provocateur ; demain dimanche, 17 juillet, tout Paris sera ici pour signer la pétition. C'est moi, Billot, qui me charge de le prévenir.

A ce nom de Billot, chacun avait reconnu le terrible fermier qui, accompagnant l'aide-de-camp de la Fayette, avait arrêté le roi à Varennes, et l'avait ramené à Paris.

Ainsi, du premier coup, étaient dépassés les plus hardis des Cordeliers et des Jacobins ; par qui ? par un homme du peuple, c'est-à-dire par l'instinct des masses ; si bien que Camille-Desmoulins, Danton, Brissot et Pétion déclarèrent qu'à leur avis, un pareil acte, de la part de la population parisienne, ne devant point s'accomplir sans soulever quelque orage, il était important d'obtenir d'abord de l'Hôtel-de-Ville la permission de se réunir le lendemain.

— Soit, dit l'homme du peuple, — obtenez, — et, si vous n'obtenez pas, j'exigerai, moi !

Camille Desmoulins et Brissot furent chargés de la démarche.

Bailly était absent ; on ne trouva que le premier syndic. Celui-ci ne prit rien sur lui, ne refusa point, mais n'autorisa pas non plus; il se contenta d'approuver verbalement la pétition. Brissot et Camille Desmoulins quittèrent l'Hôtel-de-Ville, se regardant comme autorisés.

Derrière eux, le premier syndic envoya prévenir l'Assemblée de la démarche qui venait d'être faite près de lui.

L'Assemblée était prise en faute.

Elle n'avait rien statué relativement à la situation de Louis XVI fugitif, suspendu de son titre de roi, rejoint à Varennes, ramené aux Tuileries, et gardé, depuis le 26 juin, comme prisonnier.

Il n'y avait pas de temps à perdre.

Desmeuniers, avec toutes les apparences d'un ennemi de la famille royale, présenta un projet de décret conçu en ces termes :

« La suspension du pouvoir exécutif durera jusqu'à ce que l'acte constitutionnel ait été *présenté au roi et accepté par lui.* »

Le décret, proposé à sept heures du soir, était adopté à huit par une immense majorité.

Ainsi, la pétition du peuple se trouvait inutile : le roi, suspendu seulement jusqu'au jour où il accepterait la Constitution, redevenait, par cette simple acceptation, roi comme auparavant.

Quiconque demandera la déchéance d'un roi maintenu constitutionnellement par l'Assemblée, tant que le roi se montrera disposé à accomplir cette condition, sera donc un rebelle.

Or, comme la situation est grave, on poursuivra les rebelles par tous les moyens que la loi met à la disposition de ses agents.

Aussi, réunion du maire et du conseil municipal le soir, à l'Hôtel-de-Ville.

La séance s'ouvrit à neuf heures et demie.

A dix heures, on avait arrêté que, le lendemain dimanche, 17 juillet, dès huit heures du matin, le décret de l'Assemblée, imprimé et affiché sur tous les murs de Paris, serait, de plus, à tous les carrefours, proclamé à son de trompe par les notables et les huissiers de la ville, duement escorté de troupes.

Une heure après cette décision prise, on la connaissait aux Jacobins.

Les Jacobins se sentaient bien faibles : la désertion de la plupart d'entre eux aux Feuillants les laissait isolés et sans force.

Ils plièrent.

Santerre, l'homme du faubourg Saint-Antoine, le brasseur populaire de la Bastille, celui qui devait succéder à la Fayette, se chargea, au nom de la Société, d'aller au Champ-de-Mars retirer la pétition.

Les Cordeliers se montrèrent plus prudents encore.

Danton déclara qu'il allait passer la journée du lendemain à Fontenay-sous-Bois ; — son beau-père le limonadier avait là une petite maison de campagne.

Legendre lui promit à peu près d'aller l'y rejoindre avec Desmoulins et Fréron.

Les Roland reçurent un petit billet, dans lequel on les prévenait qu'il était inutile qu'ils envoyassent leur protestation à Lyon.

Tout était manqué ou ajourné.

Il se faisait près de minuit, et madame Roland venait d'achever la copie de la protestation, quand arriva ce petit billet de Dauton, auquel il était impossible de rien comprendre.

Juste en ce moment, deux hommes attablés dans une arrière-salle d'un cabaret du Gros-Caillou, mettaient, en achevant leur troisième bouteille de vin à quinze sous, la dernière main à un étrange projet.

C'étaient un perruquier et un invalide.

— Ah! que vous avez de drôles d'idées, monsieur Lajarriette! disait l'invalide en riant d'un rire obscène et stupide.

— C'est cela, père Rémy, reprit le perruquier ; vous comprenez, n'est-ce pas ? Avant le jour, nous allons au Champ-de-Mars ; nous levons une planche de l'autel de la patrie ; nous nous glissons dessous ; nous replaçons la planche ; puis, avec une vrille, une grosse vrille, nous faisons des trous dans le plancher... Une foule de jeunes et jolies citoyennes viendront demain sur l'autel de la patrie, pour signer la pétition, et, ma foi, à travers les trous...

Le rire obscène et stupide de l'invalide redoubla. Il était évident que, en imagination, il regardait déjà à travers les trous de l'autel de la patrie.

Le perruquier, lui, ne riait pas d'un si bon rire : l'honorable et aristocratique corporation à laquelle il appartenait était ruinée par le malheur des temps ; l'émigration avait enlevé aux artistes en coiffure, — d'après ce que nous avons vu des coiffures de la reine, la coiffure était un art à cette époque ; — l'émigration, disons-nous, avait enlevé aux artistes en coiffure leurs meilleures pratiques. En outre, Talma venait de jouer le rôle de Titus dans *Bérénice*, et la façon dont il s'était coiffé avait donné naissance à une nouvelle mode qui consistait à porter les cheveux courts et sans poudre.

En général, les perruquiers étaient donc royalistes. Lisez Prud'homme, et vous y verrez que, le jour de l'exécution du roi, un perruquier se coupa la gorge de désespoir.

Or, c'était un bon tour à jouer à toutes ces drôlesses de patriotes, comme les appelaient le peu de grandes dames qui fussent demeurées en France, que d'aller regarder sous leurs jupes, et maître Lajarriette comptait sur ses souvenirs érotiques pour défrayer, pendant un mois, ses conversations du matin. — L'idée de cette plaisanterie lui était venue tout en trinquant avec un vieux brave de ses amis, et il l'avait communiquée à celui-ci, qui en avait senti frémir les nerfs de la jambe qu'il avait laissée à Fontenoy, et que l'État avait généreusement remplacée par une jambe de bois.

En conséquence, les deux buveurs demandèrent une quatrième bouteille de vin, que l'hôte se hâta de leur apporter.

Ils allaient l'entamer, lorsque l'invalide eut une idée à son tour.

C'était de prendre un petit baril, de vider la bouteille dans ce baril, au lieu de la vider dans leurs verres; d'y adjoindre deux autres bouteilles, et, en restant momentanément sur leur soif, d'emporter ce baril avec eux.

L'invalide appuyait sa proposition sur cet axiome, qu'il est très échauffant de regarder en l'air.

Le perruquier daigna sourire; et, comme le cabaretier fit observer à ses deux hôtes qu'il était inutile qu'ils restassent dans le cabaret s'ils ne buvaient plus, nos deux reîtres firent prix avec lui d'une vrille et d'un baril, mirent la vrille dans leur poche, et leurs trois bouteilles de vin dans le baril, et, minuit sonnant, à travers l'obscurité, ils se dirigèrent vers le Champ-de-Mars, levèrent la planche, et, leur baril entre eux deux, se couchèrent mollement sur le sable, et s'endormirent.

IV

La Pétition.

Il y a certains moments où le peuple, à la suite d'excitations successives, monte comme une marée, et a besoin de quelque grand cataclysme pour rentrer, comme l'Océan, dans le lit que la nature lui a creusé.

Il en était ainsi du peuple parisien pendant cette première quinzaine de juillet, où tant d'évènements étaient venus le mettre en ébullition.

Le dimanche 10, on avait été au-devant du convoi de Voltaire ; mais le mauvais temps avait empêché la fête d'avoir lieu, et le convoi s'était arrêté à la barrière de Charenton, où la foule avait stationné toute la journée.

Le lundi 11, le temps s'était éclairci ; le cortège s'était mis en route, et avait traversé Paris au milieu d'un immense concours de peuple, faisant halte devant la maison où était mort l'auteur du *Dictionnaire philosophique* et de la *Pucelle*, pour donner le temps à madame Villette, sa fille adoptive, et à la famille des Calas de couronner le cercueil, salué par les chœurs des artistes de l'Opéra.

Le mercredi 13, spectacle à Notre-Dame ; on y joue la *Prise de la Bastille*, à grand orchestre.

Le jeudi 14, anniversaire de la fédération, pèlerinage à l'autel de la patrie ; les trois quarts de Paris sont au Champ-de-Mars, et les têtes se montent de plus en plus, aux cris de : « Vive la nation ! » et à la vue de l'illumination universelle, au milieu de laquelle le palais des Tuileries, sombre et muet, semble un tombeau.

Le vendredi 15, vote à la chambre,

protégée par les quatre mille baïonnettes et les mille piques de la Fayette ; pétition de la foule, fermeture des théâtres, bruit et rumeurs pendant toute la soirée et une partie de la nuit.

Enfin, le samedi 16, désertion des Jacobins pour les Feuillants ; scènes violentes sur le Pont-Neuf, où des hommes de la police battent Fréron, et arrêtent un Anglais, maître d'italien, nommé Rotondo ; excitation au Champ-de-Mars, où Billot découvre, dans la pétition, la phrase de Laclos ; vote populaire sur la déchéance de Louis XVI ; rendez-vous pris pour le lendemain afin de signer la pétition.

Nuit sombre, agitée, pleine de tumulte, où, tandis que les grands meneurs des Jacobins et des Cordeliers se cachent parce qu'ils connaissent le jeu de leurs adversaires, les hommes consciencieux et naïfs du parti se promettent de se réunir et de donner, quelque chose qu'il puisse arriver, suite à l'entreprise commencée.

Puis d'autres veillent encore dans des sentiments moins honnêtes et surtout moins philantropiques ; ce sont ces hommes de haine qu'on retrouve à chaque grande commotion des sociétés, qui aiment le trouble, le tumulte, la vue du sang, comme les vautours et les tigres aiment les armées qui se battent et qui leur fournissent des cadavres.

Marat, dans son souterrain, où le confine sa monomanie ; — Marat croit toujours être persécuté, menacé, ou feint de le croire : il vit dans l'ombre comme les animaux de proie, et les oiseaux de nuit ; de cette ombre, comme de l'antre de Trophonius ou de Delphes, sortent, tous les matins, de sinistres oracles épars sur les feuilles de ce journal qu'on appelle l'*Ami du Peuple.* Depuis quelques jours, le journal de Marat sue le sang ; depuis le retour du roi, il propose, comme seul moyen de sauvegarder les droits et les intérêts du peuple, un dictateur unique et un massacre général. Au dire de Marat, il faut, avant tout, égorger l'Assemblée et pendre les autorités ; puis, en manière de variante, comme l'égorgement et la pendaison ne lui suffisent pas, il propose de scier les mains, de couper les pouces, d'enterrer vivant, d'asseoir sur des pals! Il est temps que le médecin de Marat vienne à lui selon son habitude, et lui dise : « Vous écrivez rouge, Marat, il faut que je vous saigne ! »

Verrière, — cet abominable bossu, ce formidable nain aux longs bras et aux longues jambes, que nous avons vu apparaître au commencement de ce livre pour faire les 5 et 6 octobre, et qui, les 5 et 6 octobre faits, est rentré dans l'obscurité, — eh bien, le soir du 16, il a reparu, on l'a revu, — *vision de l'Apocalypse!* dit Michelet, — monté sur le cheval blanc de la mort, aux flancs duquel ballottent ses longues jambes aux gros genoux et aux grands pieds ; il s'est arrêté à chaque coin de rue, à chaque carrefour, et, hérault de malheur, il a convoqué pour le lendemain le peuple au Champ-de-Mars.

Fournier, — qui va, lui, se produire pour la première fois, et qu'on appellera Fournier l'Américain, non point parce qu'il est né en Amérique, — Fournier est Auvergnat, — mais parce qu'il a été piqueur de nègres à Saint-Domingue ; Fournier, ruiné, aigri par un procès perdu, exaspéré par le silence avec lequel l'Assemblée nationale a reçu les vingt pétitions successives qu'il lui a envoyées ; — et c'est tout simple, les meneurs de l'Assemblée sont des planteurs : les Lameth, ou des amis des planteurs : Duport, Barnave. Aussi, à la première occasion, se vengera-t-il, il se le promet, et il tiendra sa parole, cet homme qui a dans sa pensée les soubresauts de la brute, et sur son visage le ricanement de l'hyène !

Ainsi, voyez, voici la situation de tous pendant la nuit du 16 au 17.

Le roi et la reine attendent anxieusement aux Tuileries : Barnave leur a promis un triomphe sur le peuple. Il ne leur a pas dit quel serait ce triomphe, ni de quelle manière il s'opérerait ; peu leur importe ! les moyens ne les regardent pas : on agit pour eux. — Seulement, le roi désire ce triomphe parce qu'il améliore la position de la royauté ; la reine, parce que ce sera un commencement de vengeance, et ce peuple l'a tant fait souffrir, que, à son avis, il lui est bien permis de se venger.

L'Assemblée, appuyée sur une de ces majorités factices qui rassurent les assemblées, attend avec une certaine tranquillité ; ses mesures sont prises ; elle aura, quelque chose qu'il arrive, la loi pour elle, et, le cas échéant, le besoin venu, elle invoquera ce mot suprême : *salut public!*

La Fayette aussi attend sans crainte : il a sa garde nationale, qui lui est encore toute dévoué, et, parmi cette garde nationale, un corps de neuf mille hommes composé d'anciens militaires, de gardes-françaises, d'enrôlés volontaires. Ce corps appartient bien plus à l'armée qu'à la ville ; il est payé, d'ailleurs : aussi l'appelle-t-on la *garde soldée*. S'il y a, le lendemain, quelque exécution terrible à faire, c'est ce corps qui la fera.

Bailly et la municipalité attendent de leur côté. Bailly, après une vie tout entière passée dans l'étude et dans le cabinet, est poussé subitement dans la politique et sur les places et les carrefours. Admonesté la veille par l'Assemblée sur la faiblesse qu'il a montré dans la soirée du 15, il s'est endormi, la tête posée sur la loi martiale, qu'il appliquera le lendemain dans toute sa rigueur, si besoin est.

Les Jacobins attendent, mais dans la dislocation la plus complète. Robespierre est caché ; Laclos, qui a vu rayer sa phrase, boude ; Pétion, Buzot et Brissot se tiennent prêts, supposant bien que la journée du lendemain sera rude ; Santerre, qui, à onze heures du matin, doit aller au Champ-de-Mars pour retirer la pétition, leur donnera des nouvelles.

Les Cordeliers ont abdiqué. Danton, nous l'avons dit, est à Fontenay, chez son beau-père ; Legendre, Fréron et Camille Desmoulins le rejoindront. Le reste ne fera rien : la tête manque.

Le peuple qui ignore tout cela, ira au

Champ de-Mars ; il y signera la pétition,
il y criera : « Vive la Nation ! » Il dansera
en rond autour de l'autel de la patrie, en
chantant le fameux *Ça ira* de 1790.

Entre 1790 et 1791, la réaction a creusé
un abîme ; cet abîme, il faudra les morts
du 17 juillet pour le combler !

Quoi qu'il en soit, le jour se leva magnifique. Dès quatre heures du matin,
tous ces petits industriels forains qui vivent des multitudes, ces bohèmes des
grandes villes, qui vendent du coco, du
pain d'épice, des gâteaux, commençaient
à s'acheminer vers l'autel de la patrie,
lequel s'élevait solitaire au milieu du
Champ-de-Mars, pareil à un grand catafalque.

Un peintre, placé à une vingtaine de pas de la face tournée vers la rivière, en faisait scrupuleusement un dessin.

A quatre heures et demie, on compte déjà cent cinquante personnes à peu près au Champ-de-Mars.

Ceux qui se lèvent si matin sont, en général, ceux qui ont mal dormi, et la plupart de ceux qui dorment mal — je parle des hommes et des femmes du peuple — sont ceux qui ont mal soupé ou qui n'ont pas soupé du tout.

Quand on n'a pas soupé, et qu'on a mal dormi, on est, ordinairement, de mauvaise humeur à quatre heures du matin.

Il y avait donc, parmi ces cent cinquante personnes, qui enveloppaient l'autel de la patrie, pas mal de gens de mauvaise humeur et surtout de mauvaise mine.

Tout à coup, une femme, une marchande de limonade qui est montée sur les degrés de l'autel pousse un cri.

La pointe d'une vrille vient de percer son soulier.

Elle appelle, on accourt. Le plancher est percé de trous dont on ne comprend ni la cause ni la raison ; seulement, cette vrille qui vient de percer le soulier de la marchande de limonade indique la présence d'un ou de plusieurs hommes sous la plate-forme de l'autel de la patrie.

Que peuvent-ils faire là ?

On les interpelle, on les somme de répondre, de dire leurs intentions, de sortir, de paraître.

Pas de réponse.

Le rapin quitte son escabeau, laisse sa toile, et court au Gros-Caillou pour y chercher la garde.

La garde, qui ne voit pas dans une femme piquée au pied avec une vrille un motif suffisant de se déranger, refuse le service, et renvoie le rapin.

Au retour de celui-ci, l'exaspération est à son comble. Tout le monde est amassé autour de l'autel de la patrie, trois cents personnes à peu près. On lève une planche, on pénètre dans la cavité ; on trouve notre perruquier et notre invalide tout penauds.

Le perruquier, qui a vu dans la vrille une preuve de conviction, la jette loin de lui; mais il n'a pas pensé à éloigner le baril.

On les prend au collet, on les force de monter sur la plate-forme, on les interroge sur leurs intentions, et, comme ils balbutient, on les mène chez le commissaire.

Là, interrogés, ils avouent dans quel but ils se sont cachés, le commissaire n'y voit qu'une espièglerie sans conséquence, et les remet en liberté; mais, à la porte, ils trouvent les blanchisseuses du Gros-Caillou, leurs battoirs à la main. Les blanchisseuses du Gros-Caillou sont, à ce qu'il paraît, très chatouilleuses à l'endroit de l'honneur des femmes : elles tombent, Dianes irritées, à grands coups de battoirs sur les Actéons modernes.

En ce moment-là, un homme accourt : on a trouvé sous l'autel de la patrie un baril de poudre ; les deux coupables étaient là, non point, comme ils l'ont dit, pour percer des trous, et regarder en l'air, mais pour faire sauter les patriotes.

Il n'y avait qu'à tirer la bonde du baril, et à s'assurer que c'était du vin, et non pas de la poudre qu'il contenait ; il n'y avait qu'à réfléchir qu'en mettant le feu au baril, les deux conspirateurs — en supposant que ce baril contînt de la poudre — se faisaient sauter les premiers plus sûrement encore qu'ils ne faisaient sauter les patriotes, et les deux prétendus coupables étaient innocentés; mais il y a des moments où l'on ne réfléchit à rien, où l'on ne vérifie rien, ou plutôt où l'on ne veut pas réfléchir, où l'on se garde bien de vérifier.

A l'instant même, la bourrasque se change en orage. Un groupe d'hommes arrive; d'où sort-il? on ne sait pas. — D'où sortaient ces hommes qui ont tué Foulon, Berthier, Flesselles; qui ont fait les 5 et 6 octobre? Des ténèbres, où ils rentrent quand leur œuvre de mort est finie. Ces hommes s'emparent du malheureux invalide et du pauvre perruquier; tous deux sont renversés; l'un d'eux, l'invalide, percé de coups de couteau, ne se relève pas; l'autre, le perruquier, est traîné sous un réverbère : on lui passe une corde au cou, on le hisse... A la hauteur de dix pieds à peu près, le poids de son corps fait casser la corde! Il retombe vivant, se débat un instant, et voit la tête de son compagnon au bout d'une pique; — comment y avait-il là justement une pique? — A cette vue, il jette un cri, et s'évanouit. Alors, on lui coupe ou plutôt on lui scie la tête, et il se trouve à point nommé une seconde pique pour recevoir le sanglant trophée!

Aussitôt le besoin de promener dans Paris ces deux têtes coupées s'empare de la populace, et les porteurs de têtes, suivis d'une centaine de bandits pareils à eux, prennent, en chantant, la rue de Grenelle.

A neuf heures, les officiers municipaux, les notables, avec huissiers et trompettes, proclamaient sur la place du Palais-Royal le décret de l'Assemblée, et les mesures répressives qu'entraînerait toute infraction à ce décret, lorsque, par la rue Saint-Thomas-du-Louvre, débouchent les égorgeurs.

C'était une admirable position faite à la municipalité : si acerbes que fussent ses mesures, elles n'atteindraient jamais à la hauteur du crime qui venait d'être commis.

L'Assemblée commençait à se réunir ; de la place du Palais-Royal au Manège, il n'y avait pas loin : la nouvelle ne fait qu'un bond, et va éclater dans la salle.

Seulement, ce n'est plus un perruquier et un invalide punis bien outre mesure pour une polissonnerie de collégien ; ce sont deux bons citoyens, deux amis de l'ordre, qui ont été égorgés pour avoir recommandé aux révolutionnaires le respect des lois.

Alors, Regnault de Saint-Jean-d'Angely s'élance à la tribune.

— Citoyens, dit-il, je demande la loi

martiale ; je demande que l'Assemblée déclare ceux qui, par écrits *individuels ou collectifs*, porteraient le peuple à résister criminels de lèze-nation!

L'Assemblée se lève presque entière, et, sur la motion de Regnault de Saint-Jean-d'Angely, proclame criminels de lèze-nation ceux qui, par des écrits *individuels ou collectifs*, porteront le peuple à la résistance.

Ainsi voilà les pétitionnaires criminels de lèze-nation. C'est ce que l'on voulait.

Robespierre était caché dans un coin de l'Assemblée ; il entendit proclamer le vote, et courut aux Jacobins pour leur donner avis de la mesure qui venait d'être prise.

La salle des Jacobins était déserte; vingt-cinq ou trente membres à peine erraient dans le vieux couvent. Santerre était là, attendant l'ordre des chefs.

On expédie Santerre au Champ-de-Mars, afin qu'il prévienne les pétitionnaires du danger qu'ils courent.

Il les trouve au nombre de deux ou trois cents signant, sur l'autel de la patrie, la pétition des Jacobins.

L'homme de la veille, Billot, est le centre de ce vaste mouvement; il ne sait pas signer, lui; mais il a dit son nom, il s'est fait guider la main, et il a signé un des premiers.

Santerre monte à l'autel de la patrie, annonce que l'Assemblée vient de proclamer rebelle quiconque oserait demander la déchéance du roi, et déclare qu'il est envoyé par les Jacobins pour retirer la pétition rédigée par Brissot.

Billot descend trois degrés, et se trouve en face du célèbre brasseur. Les deux hommes du peuple se regardent, s'examinent, symbole l'un et l'autre des deux forces matérielles qui agissent en ce moment : la Province, Paris.

Tous deux se reconnaissent pour frères : ils ont combattu ensemble à la Bastille.

— C'est bien ! dit Billot, on la rendra aux Jacobins, leur pétition ; mais on en fera une autre.

— Et cette pétition, dit Santerre, on n'aura qu'à l'apporter chez moi, au faubourg Saint-Antoine : je la signerai et la ferai signer par mes ouvriers.

Et il lui tend sa large main, où Billot place la sienne.

A la vue de cette puissante fraternité, qui relie la province à la ville, on applaudit.

Billot rend à Santerre sa pétition, et celui-ci s'éloigne en faisant au peuple un de ces gestes de promesse et d'assentiment auquel le peuple ne se trompe pas ; d'ailleurs, il commence à connaître Santerre.

— Maintenant, dit Billot, les Jacobins ont peur, soit ; ayant peur, ils ont droit de retirer leur pétition, soit encore ; mais, nous, nous qui n'avons pas peur, nous avons le droit d'en faire une autre.

— Oui, oui, crient plusieurs voix, une autre pétition ! ici, demain !

— Et pourquoi pas aujourd'hui ? demande Billot ; demain ! qui sait ce qui arrivera d'ici à demain ?

— Oui, oui, crient plusieurs voix, aujourd'hui ! tout de suite !

Un groupe de gens distingués s'est formé autour de Billot : la force a la vertu de l'aimant : elle attire.

Ce groupe se compose de députés des Cordeliers, ou de Jacobins amateurs, qui, mal renseignés ou plus hasardeux que les chefs, sont venus au Champ-de-Mars malgré le contre-ordre.

Ces hommes, pour la plupart, portaient des noms fort inconnus alors, mais ils ne devaient pas tarder de faire à ces noms des célébrités bien différentes.

C'étaient : Robert, mademoiselle de

Kéralio, Roland, madame Roland; Brune, ouvrier typographe qui sera maréchal de France; Hébert, écrivain public, rédacteur futur du terrible *Père Duchêne*; Chaumette, journaliste et élève en médecine; Sergent, graveur en taille douce, qui sera le beau-frère de Marceau, et qui mettra en scène les fêtes patriotiques; Fabre d'Églantine, l'auteur de l'*Intrigue épistolaire*; Hanriot, le gendarme de la guillotine; Maillard, le terrible huissier du Châtelet, que nous avons perdu de vue depuis le 6 octobre, et que nous retrouverons le 2 septembre; Isabey père et Isabey fils, le seul peut-être des acteurs de cette scène qui puisse la raconter, jeune et vivant qu'il est encore, à quatre-vingt-huit ans.

— Tout de suite! cria le peuple, oui, tout de suite!

Un immense applaudissement s'éleva du Champ-de Mars.

— Mais qui tiendra la plume? demanda une voix.

— Moi, vous, nous, tout le monde, cria Billot; celle-là sera réellement la pétiton du peuple.

Un patriote se détacha tout courant : il allait chercher du papier, de l'encre et des plumes.

En l'attendant, on se prit par les mains, et l'on commença de danser des farandoles, en chantant le fameux *Ça ira*.

Le patriote revint au bout de dix minutes, avec papier, plumes et encre ; il avait, de peur de manquer, acheté une bouteille d'encre, un paquet de plumes et cinq ou six cahiers de papier.

Alors, Robert prit la plume, et, mademoiselle de Kéralio, madame Roland et Roland dictant tour à tour, il écrivit la pétition suivante :

Pétition à l'Assemblée nationale, rédigée sur l'autel de la patrie, le 17 juillet 1791.

REPRÉSENTANTS DE LA NATION ,

« Vous touchez au terme de vos travaux ; bientôt des successeurs, tous nommés par le peuple, allaient marcher sur vos traces, sans rencontrer les obstacles que vous ont présenté les députés des deux ordres privilégiés, ennemis nécessaires de tous les principes de la sainte égalité.

« Un grand crime se commet : Louis XVI fuit ; il abandonne indignement son poste ; l'empire est à deux doigts de l'anarchie ; des citoyens l'arrêtent à Varennes, et il est ramené à Paris. Le peuple de cette capitale vous demande instamment de ne rien prononcer sur le sort du coupable sans avoir entendu l'expression du vœu des quatre-vingt-deux autres départements.

« Vous différez : une foule d'adresses arrivent à l'Assemblée ; toutes les sections de l'empire demandent simultanément que Louis soit jugé. Vous, messieurs, vous avez préjugé qu'il était innocent et inviolable, en déclarant, par votre décret du 16, que la charte constitutionnelle lui sera présentée alors que la constitution sera achevée. — Législateurs! ce n'était point là le vœu du peuple, et nous avons pensé que votre plus grande gloire, votre devoir même, consistait à être les organes de la volonté publique. Sans doute, messieurs, que vous avez été entraînés à cette décision par la foule de ces députés réfractaires qui ont fait d'avance leur protestation contre la constitution ; mais, messieurs! mais, représentants d'un peuple généreux et confiant! rappelez-vous que ces deux cent quatre-vingt-dix protestants n'avaient point de voix à l'Assemblée nationale ; que le décret est donc nul dans la forme et dans le fond ; nul dans le fond, parce qu'il est contraire au vœu du souverain ; nul dans la forme, parce qu'il est porté par deux cent quatre-vingt dix individus sans qualité.

« Ces considérations, toutes ces vues de bien général, ce désir impérieux d'éviter l'anarchie, à laquelle nous exposerait le défaut d'harmonie entre les représentants et les représentés, tout nous a fait la loi de vous demander, au nom de la France entière, de revenir sur ce décret ; de prendre en considération que le délit de Louis XVI est prouvé, que ce roi a abdiqué ; de recevoir son abdication, et de convoquer un nouveau corps constituant pour procéder d'une manière vraiment nationale au jugement du coupable, et surtout au remplacement et à l'organisation d'un nouveau pouvoir exécutif. »

La pétition rédigée, on réclama le silence. A l'instant même, tout bruit cesse, les fronts se découvrent, et Robert lit à haute voix les lignes que nous venons de mettre sous les yeux de nos lecteurs.

Elles répondaient au vœu de tous; aussi aucune observation ne fut faite; mais, au contraire, des applaudissements unanimes éclatèrent à la dernière phrase.

Il s'agissait de signer; on n'était plus

seulement deux ou trois cents : on était dix mille peut-être, et, comme, par toutes les issues du Champs-de-Mars, la foule ne cessait d'arriver, il était évident que, avant une heure, plus de cinquante mille personnes entoureraient l'autel de la patrie.

Les commissaires rédacteurs signent les premiers, puis passent la plume à leurs voisins ; puis, comme en une seconde le bas de la page est couvert de signatures, on distribue des feuilles de papier blanches du même format que la pétition, ces feuilles numérotées seront ajoutées à la suite.

Les feuilles distribuées, on signe d'abord sur les cratères qui forment les quatre angles de l'autel de la patrie, ensuite sur les degrés, sur les genoux, sur la forme des chapeaux, sur tout ce qui offre un point d'appui.

Cependant, d'après les ordres de l'Assemblée, transmis à la Fayette, et qui ont rapport, non pas à la pétition qui se signe à cette heure, mais à l'assassinat du matin, les premières troupes arrivent au Champs-de-Mars, et la préoccupation que cause la pétition est telle, qu'à peine fait-on attention à ces troupes.

Ce qui va se passer aura, pourtant, quelque importance.

V

Le Drapeau rouge.

Ces troupes sont conduites par un aide-de-camp de la Fayette; lequel? on ne le nomme pas : la Fayette a toujours eu tant d'aides-de-camp que l'histoire s'y perd!

Quoi qu'il en soit, un coup de feu part

des glacis, et va frapper cet aide-de-camp ; mais la blessure est peu dangereuse, et, le coup de feu étant isolé, on dédaigne d'y répondre.

Une scène du même genre se passe au Gros-Caillou. — C'est par le Gros-Caillou que se présente la Fayette avec trois mille hommes et du canon.

Mais Fournier est là, à la tête d'une bande de coquins, — les mêmes probablement qui ont assassiné le perruquier et l'invalide ; ils font une barricade.

La Fayette marche contre cette barricade, et la démolit.

A travers les roues d'une charrette, et à bout portant, Fournier tire un coup de fusil sur la Fayette ; par bonheur, le fusil rate. La barricade est emportée, et Fournier pris.

On l'amène devant la Fayette.

— Quel est cet homme? demande-t-il.

— Celui qui a tiré sur vous, et dont le fusil a raté.

— Lâchez-le, et qu'il aille se faire pendre ailleurs !

Fournier n'alla point se faire pendre : il disparut momentanément, et reparut aux massacres de septembre.

La Fayette arrive au Champ-de-Mars : on y signe la pétition ; la tranquillité la plus parfaite y règne,

Cette tranquillité était grande, puisque madame de Condorcet y promenait son enfant âgé d'un an.

La Fayette s'avance jusqu'à l'autel de la patrie ; il s'enquiert de ce que l'on y fait : on lui montre la pétition. Les pétitionnaires s'engagent à rentrer chez eux quand la pétition sera signée. Il ne voit rien de bien répréhensible dans tout cela, et se retire avec sa troupe.

Mais si ce coup de feu qui a blessé l'aide-de-camp de la Fayette, si ce fusil qui a raté sur lui-même, n'ont pas été entendus au Champ-de-Mars, ils ont eu un retentissement terrible à l'Assemblée !

N'oublions pas que l'Assemblée veut

un coup d'État royaliste, et que tout la sert.

— La Fayette est blessé! son aide-de-camp tué!... On s'égorge au Champ-de-Mars!...

Telle est la nouvelle qui court dans Paris, et que l'Assemblée transmet officiellement à l'Hôtel-de-Ville.

Mais l'Hôtel-de-Ville s'est déjà inquiété de ce qui se fait au Champ-de-Mars; il a envoyé, de son côté, trois municipaux, MM. Jacques, Renaud et Hardy.

Du haut de l'autel de la patrie, les signataires de la pétition voient s'avancer vers eux un nouveau cortège; celui-là leur arrive du côté du bord de l'eau.

Ils envoient une députation au-devant du cortège.

Les trois officiers municipaux — ce sont eux qui viennent d'entrer au Champ-de-Mars — marchent droit à l'autel de la patrie ; mais, au lieu de cette foule de factieux qu'ils s'attendaient à trouver effarée, en tumulte et pleine de menaces, ils voient des citoyens, les uns se promenant par groupes, les autres signant la pétition ; d'autres, enfin, dansant la farandole et chantant le *Ça ira!*

La multitude est tranquille ; mais peut-être la pétition est-elle factieuse. Les municipaux demandent que cette pétition leur soit lue.

La pétition leur est lue depuis la première jusqu'à la dernière ligne, et, comme la chose est déjà arrivée une fois, cette lecture est suivie de bravos universels, d'acclamations unanimes.

— Messieurs, disent alors les officiers municipaux, nous sommes charmés de connaître vos dispositions ; on nous avait dit qu'il y avait ici du tumulte : on nous avait trompés. Nous ne manquerons point de rendre compte de ce que nous avons vu, de dire la tranquillité qui règne au Champ-de-Mars ; et, loin de vous empêcher de faire votre pétition, nous vous aiderions de la force publique, dans le cas où l'on essaierait de vous troubler. Si nous n'étions pas en fonctions, nous la signerions nous-mêmes, et, si vous doutez de nos intentions, nous resterons en ôtages près de vous, jusqu'à ce que toutes les signatures soient apposées.

Ainsi, l'esprit de la pétition est bien l'esprit de tous, puisque les membres de la municipalité eux-mêmes signeraient comme citoyens cette pétition, que leur qualité de municipaux les empêche seuls de signer.

Cette adhésion de trois hommes qu'ils voyaient s'avancer vers eux avec confiance, leur supposant des intentions ennemies, encouragent les pétitionnaires. Dans la rixe sans gravité qui vient d'avoir lieu entre le peuple et la garde nationale, deux hommes ont été arrêtés;

comme cela arrive presque toujours en pareille circonstance, les deux prisonniers sont parfaitement innocents; les plus notables parmi les pétitionnaires demandent qu'on les mette en liberté.

— Nous ne pouvons prendre cela sur nous, répondent les délégués de la municipalité ; mais nommez des commissaires : ces commissaires nous accompagneront à l'Hôtel-de-Ville, et justice leur sera accordée.

Alors, on nomme douze commissaires; Billot, nommé à l'unanimité, fait partie de cette commission, qui prend, avec les trois délégués, le chemin de la municipalité.

En arrivant sur la place de Grève, les

commissaires sont tout étonnés de trouver cette place encombrée de soldats; ils s'ouvrent à grand'peine un chemin à travers cette forêt de baïonnettes.

Billot les guide; on se rappelle qu'il connaît l'Hôtel-de-Ville : nous l'y avons vu plus d'une fois avec Pitou.

A la porte de la salle du conseil, les trois officiers municipaux invitent les commissaires à attendre un instant, se font ouvrir la porte, entrent, et ne reparaissent plus.

Les commissaires attendent une heure.

Pas de nouvelles !

Billot s'impatiente, fronce le sourcil et frappe du pied.

Tout à coup, la porte s'ouvre. Le corps municipal paraît, Bailly en tête.

Bailly est fort pâle ; c'est, avant tout, un mathématicien : il a le sentiment exact du juste et de l'injuste ; il sent qu'on le pousse à une mauvaise action ; mais l'ordre de l'Assemblée est là : Bailly l'exécutera jusqu'au bout.

Billot s'avance droit à lui.

— Monsieur le maire, dit-il de ce ton ferme que nos lecteurs lui connaissent, nous vous attendons depuis plus d'une heure.

— Qui êtes-vous et qu'avez-vous à me dire ? demande Bailly.

—Qui je suis ? répond Billot ; cela m'étonne, que vous me demandiez qui je suis, monsieur Bailly. Il est vrai que ceux qui vont à gauche ne sauraient reconnaître ceux qui suivent leur droit chemin... Je suis Billot.

Bailly fit un mouvement : ce seul nom lui rappelait l'homme qui était entré un des premiers à la Bastille ; l'homme qui avait gardé l'Hôtel-de-Ville aux jours terribles des massacres de Foulon et de Berthier ; l'homme qui avait marché à la portière du roi revenant de Versailles, qui avait attaché la cocarde tricolore au chapeau de Louis XVI, qui avait réveillé la Fayette dans la nuit du 5 au 6 octobre, qui, enfin, venait de ramener Louis XVI de Varennes.

—Quant à ce que j'ai à vous dire, continua Billot, j'ai à vous dire que nous sommes les envoyés du peuple assemblé au Champ-de-Mars.

— Et que demande-t-il, le peuple?

— Il demande que l'on tienne la promesse faite par vos trois envoyés, c'est-à-dire que l'on mette en liberté deux citoyens injustement accusés, et de l'innocence desquels nous nous portons garants.

— Bon! dit Bailly essayant de passer, est-ce que nous répondons de pareilles promesses?

— Et pourquoi n'en répondriez-vous point?

—Parce qu'elles ont été faites à des factieux !

Les commissaires se regardèrent étonnés.

Billot fronça le sourcil.

— A des factieux ? dit-il ; ah ! voilà que nous sommes des factieux, maintenant ?

— Oui, dit Bailly, à des factieux, et je vais me rendre au Champ-de-Mars, pour y mettre la paix.

Billot haussa les épaules, et se mit à rire, de ce gros rire qui, en passant par certaines lèvres, prend une expression menaçante.

— Mettre la paix au Champ-de-Mars ? dit-il ; mais votre ami la Fayette en sort, du Champ-de-Mars ; mais vos trois délégués en sortent, et ils vous disent que le Champ-de-Mars est plus calme que la place de l'Hôtel-de-Ville !

Juste en ce moment, le capitaine d'une compagnie du centre du bataillon Bonne-Nouvelle accourt tout effaré.

— Où est monsieur le maire ? demande-t-il.

Billot se range pour démasquer Bailly.

— Me voici, dit ce dernier.

— Aux armes, monsieur le maire ! aux

armes ! crie le capitaine, on se bat au Champ-de-Mars, où cinquante mille brigands réunis s'apprêtent à marcher sur l'Assemblée !

A peine le capitaine a-t-il prononcé ces mots, que la lourde main de Billot pèse sur son épaule.

— Et qui dit cela? demande le fermier.

— Qui le dit ? L'Assemblée.

— L'Assemblée en a menti! reprend Billot.

— Monsieur ! dit le capitaine en tirant son sabre.

— L'Assemblée en a menti ! répète

Billot en saisissant le sabre moitié par la poignée, moitié par la lame, et en l'arrachant des mains du capitaine.

— Assez, assez, messieurs ! dit Bailly ; nous allons voir cela par nous-mêmes... Monsieur Billot, rendez ce sabre, je vous prie ; et, si vous avez de l'influence sur ceux qui vous envoient, retournez près d'eux, et invitez-les à se disperser.

Billot jeta le sabre anx pieds du capitaine.

— A se disperser? dit-il ; allons donc ! Le droit de pétition nous est reconnu par un décret, et, jusqu'à ce qu'un décret nous l'ôte, il ne sera permis à personne, ni maire, ni commandant de la garde nationale, d'empêcher des citoyens d'exprimer leur vœu... Vous allez au Champ-de-Mars ? Nous vous y précédons, monsieur le maire !

Ceux qui entouraient les acteurs de cette scène n'attendaient qu'un ordre, qu'un mot, qu'un geste de Bailly pour arrêter Billot ; mais Bailly sentait que cette voix qui venait de lui parler si haut et si ferme, c'était la voix du peuple.

Il fit signe qu'on laissât passer Billot et les commissaires.

On descendit sur la place : un vaste drapeau rouge tordait, à l'une des fenêtres de l'Hôtel-de-Ville, ses plis sanglants dans les premiers souffles d'un orage qui montait au ciel.

Par malheur, cet orage ne dura que quelques instants ; il gronda sans pluie, augmenta la chaleur de la journée, répandit un peu plus d'électricité dans l'air, et voilà tout.

Lorsque Billot et les onze autres commissaires reviennent au Champ-de-Mars, la foule s'est augmentée de près d'un tiers.

Autant qu'on peut calculer dans l'immense bassin le nombre de ceux qui le peuplent, il doit y avoir environ soixante mille âmes.

Ces soixante mille citoyens et citoyennes sont répartis tant sur les talus qu'autour de l'autel de la patrie, et sur la plateforme et les degrés de l'autel lui-même.

Billot et ses onze collègues arrivent. Il se fait un immense mouvement ; de tous les points, on accourt, on se presse. — Les deux citoyens ont-ils été délivrés ? Qu'a fait répondre M. le maire ?

— Les deux citoyens n'ont pas été délivrés ; et le maire n'a pas fait répondre, mais a très bien répondu lui-même que les pétitionnaires étaient des factieux.

Les factieux se mettent à rire du titre qu'on leur donne, et chacun reprend sa promenade, sa place, son occupation.

Pendant tout ce temps, on a continué de signer la pétition.

On compte déjà quatre ou cinq mille signatures ; avant le soir, on en comptera cinquante mille. L'Assemblée sera forcée de plier sous cette effrayante unanimité.

Tout à coup, un citoyen accourt haletant Non-seulement, comme les commissaires, il a vu le drapeau rouge aux fenêtres de l'Hôtel-de-Ville, mais encore, à l'annonce que l'on allait marcher sur le Champ-de-Mars, les gardes nationaux ont poussé des cris de joie ; puis ils ont chargé leurs fusils ; puis, enfin, les fusils chargés, un officier municipal a été de rang en rang parlant bas à l'oreille des chefs.

Alors, toute la masse de la garde nationale, Bailly et la municipalité en tête, s'est mise en route pour le Champ-de-Mars.

Celui qui apporte ces détails a pris les devants afin d'annoncer aux patriotes ces sinistres nouvelles.

Mais il règne une telle tranquillité, un tel ensemble, une telle fraternité sur cet immense terrain consacré par la fédération de l'année précédente, que les citoyens qui y exercent un droit reconnu par la Constitution ne peuvent croire que ce soit eux qu'on menace.

Ils préfèrent penser que le messager se trompe.

On continue de signer; les danses et les chants redoublent.

Cependant, on commence à entendre le bruit du tambour.

Ce bruit va se rapprochant.

Alors, on se regarde, on s'inquiète. Il se fait d'abord une grande rumeur sur les glacis : on se montre les baïonnettes qui reluisent, pareilles à une moisson de fer.

Les membres des diverses sociétés patriotiques se rallient, se groupent, et proposent de se retirer.

Mais, de la plate-forme de l'autel de la patrie, Billot s'écrie :

— Frères ! que faisons-nous, et pourquoi cette crainte ? Ou la loi martiale est dirigée contre nous, ou elle ne l'est pas ;

si elle n'est point dirigée contre nous, pourquoi nous sauver ? si elle l'est, on la publiera, nous serons avertis par les sommations, et, alors, il sera temps de nous retirer.

— Oui, oui, crie-t-on de toutes parts, nous sommes dans les termes de la loi..... attendons les sommations..... il faut trois sommations... Restons ! restons !

Et on reste.

Au même instant le tambour bat plus rapproché, et la garde nationale apparaît à trois entrées du Champ-de-Mars.

Un tiers de cette masse armée se présente par l'ouverture voisine de l'École-Militaire ;

Un second tiers par l'ouverture qui se trouve un peu plus bas ;

Enfin, le troisième par celle qui fait face aux hauteurs de Chaillot. De ce côté, la troupe traverse le pont de bois, et s'avance, le drapeau rouge à sa tête, Bailly dans ses rangs.

Seulement, le drapeau rouge est un guidon presqu'invisible, et qui n'attire pas plus les yeux de la foule sur ce corps que sur les deux autres.

Voilà ce que voient les pétitionnaires du Champ-de-Mars. — Maintenant que voient ceux qui arrivent ?

La vaste plaine remplie de promeneurs inoffensifs, et, au milieu de la plaine, l'autel de la patrie, gigantesque construction sur la plate-forme de laquelle on monte, comme nous l'avons dit, par quatre escaliers gigantesques que quatre bataillons peuvent gravir à la fois.

Sur cette plate-forme s'élèvent encore pyramidalement des degrés qui conduisent à un terre-plein couronné par l'autel de la patrie, qu'ombrage un élégant palmier.

Chaque degré, depuis le plus bas jusqu'au plus élevé, sert de siége, selon sa capacité, à un nombre plus ou moins considérable de spectateurs.

La pyramide humaine s'élève ainsi bruyante et animée.

La garde du Marais et du faubourg Saint-Antoine, — quatre mille hommes à peu près, — avec son artillerie, arrivait par l'ouverture qui confine à l'angle méridional de l'Ecole-Militaire.

Elle s'étendit devant le bâtiment.

La Fayette se fiait peu à ces hommes du Marais et des faubourgs, qui formaient le côté démocrate de son armée, aussi leur avait-il adjoint un bataillon de la garde soldée.

La garde soldée, c'étaient les modernes prétoriens.

Elle se composait, comme nous l'avons dit, d'anciens militaires de gardes françaises licenciés, de *fayettistes* enragés qui, sachant qu'on avait tiré sur leur Dieu, venaient pour venger ce crime, lequel était, à leurs yeux, un bien autre crime que celui de lèse-nation qu'avait commis le roi.

Cette garde arrivait du côté du Gros-Caillou, entrait, bruyante, formidable, menaçante, par le milieu du Champ-de-Mars, et elle se trouvait, dès son entrée, en face de l'autel de la patrie.

Enfin, le troisième corps, qui débouchait par le pont de Bois, précédé de ce mesquin drapeau rouge que nous avons dit, se composait de la réserve de la garde nationale, à laquelle était mêlée une centaine de dragons et une bande de perruquiers portant l'épée, comme c'était leur privilège, et armés, du reste, jusqu'aux dents.

Par les mêmes ouvertures où passait la garde nationale à pied, pénétraient en même temps quelques escadrons de cavaliers, lesquels soulevant la poussière mal abattue par cet orage d'un instant qu'on pouvait regarder comme un présage, dérobèrent aux spectateurs la vue du drame qui allait s'accomplir, ou ne le leur laissèrent entrevoir qu'à travers un voile ou par de larges déchirures.

Ce que l'on put apercevoir à travers ce

voile ou par ces déchirures, nous allons essayer de le décrire.

C'est d'abord la foule tourbillonnant devant ces cavaliers, dont les chevaux sont lâchés à toute bride dans le vaste cirque; la foule, qui, complètement enfermée dans un cercle de fer, se réfugie au pied de l'autel de la patrie comme au seuil d'un asile inviolable.

Puis, du côté du bord de l'eau, un seul coup de fusil et une vigoureuse fusillade dont la fumée monte vers le ciel.

Bailly vient d'être accueilli par les huées des gamins qui couvrent le talus du côté de Grenelle; au milieu de ces huées, un coup de fusil s'est fait entendre, et une balle est venue, derrière le maire de Paris, blesser légèrement un dragon.

Alors, Bailly a ordonné de faire feu, mais de faire feu en l'air, et pour effrayer seulement.

Mais, comme un écho de cette fusillade, une autre fusillade répondit.

C'était la garde soldée qui tirait à son tour.

Sur qui? sur quoi?

Sur cette foule inoffensive qui environnait l'autel de la patrie !

Un effroyable cri succéda à cette décharge, puis l'on vit ce que l'on avait encore si peu vu alors, et ce que l'on a vu tant de fois depuis :

La foule fuyant et laissant derrière elle des cadavres immobiles, des blessés se traînant dans le sang ;

Et, au milieu de la fumée et de la poussière, la cavalerie acharnée à la poursuite des fuyards.

Le Champ-de-Mars présentait un aspect déplorable. C'était surtout les femmes et les enfants qui avaient été atteints.

Alors, il arriva ce qui arrive en pareille circonstance, la folie du sang, la luxure du carnage gagna de proche en proche.

L'artillerie mit ses pièces en batterie, et s'apprêta à faire feu.

La Fayette n'eût que le temps de pousser à elle, et de se mettre, lui et son cheval, à la bouche des canons.

Après avoir tourbillonné un instant, la foule éperdue alla, par instinct, se jeter dans les rangs de la garde nationale du Marais et du faubourg Saint-Antoine.

La garde nationale ouvrit ses rangs, et recueillit les fugitifs; le vent avait poussé la fumée de son côté, de sorte qu'elle n'avait rien vu, et qu'elle croyait que toute cette multitude était poussée par la peur seulement.

Quand la fumée se dissipa, elle vit, avec terreur, la terre tachée de sang et jonchée de morts!

En ce moment, un aide de camp arrivait au galop, et donnait ordre à la garde nationale du faubourg Saint-Antoine et du Marais, de marcher devant elle, de balayer la place, afin d'opérer sa jonction avec les deux autres troupes.

Mais elle, au contraire, mit en joue l'aide de camp et les cavaliers qui poursuivaient la foule.

Aide de camp et cavaliers reculèrent devant les baïonnettes patriotiques.

Tout ce qui avait fui de ce côté y trouva une inébranlable protection.

En un instant, le Champ-de-Mars fut évacué; il n'y resta que les corps des hommes, des femmes et des enfants, tués ou blessés par cette terrible décharge de la garde soldée, et ceux des malheureux fugitifs sabrés par les dragons ou écrasés par les chevaux.

Et, cependant, au milieu de ce carnage, sans s'effrayer de la chute des morts, des cris des blessés, sous les décharges de la fusillade, à la bouche des canons, les patriotes recueillaient les cahiers de la pétition, qui, de même que les hommes avaient trouvé un refuge dans les rangs de la garde nationale du Marais et du faubourg Saint-Antoine, trouvèrent, eux, selon toute probabilité, un asile dans la maison de Santerre.

Qui avait donné l'ordre de tirer? Personne ne le sut; c'est un de ces mystères historiques qui restent inexpliqués malgré les plus consciencieuses investigations. Ni le chevaleresque la Fayette, ni l'honnête Bailly n'aimaient le sang, et ce sang, d'ailleurs, les a poursuivis jusqu'à leur mort.

Leur popularité s'y noya le jour même.

Combien de victimes restèrent sur le champ du carnage ? On l'ignore ; car les uns diminuèrent ce nombre, pour atténuer la responsabilité du maire et du commandant général ; les autres l'augmentèrent, pour grandir la colère du peuple.

La nuit venue on jeta les cadavres dans la Seine; la Seine, complice aveugle, les roula vers l'Océan ; l'Océan les engloutit.

Mais en vain Bailly et la Fayette furent-ils, non-seulement absous, mais encore félicités par l'assemblée ; en vain les journaux constitutionnels appelèrent-ils cette action le triomphe de la loi ; ce triomphe fut flétri comme méritent de l'être toutes ces désastreuses journées où le pouvoir tue sans combattre. Le peuple, qui donne aux choses leur véritable nom, appela ce prétendu triomphe :

le massacre du Champ-de-Mars.

VI

Après le massacre.

Rentrons dans Paris, et voyons un peu ce qui s'y passait.

Paris avait entendu le bruit de la fusillade, il avait tressailli. Paris ne savait pas encore parfaitement qui avait tort ou raison; mais il sentait qu'il venait de recevoir une blessure, et que, par cette blessure, le sang coulait.

Robespierre se tenait en permanence aux Jacobins comme un gouverneur dans sa forteresse ; là, il était véritablement puissant. Mais, pour le moment, la citadelle populaire était éventrée, et tout le monde pouvait entrer par la brèche qu'avaient faite en se retirant, Barnave, Duport et Lameth.

Les Jacobins envoyèrent un des leurs aux renseignements.

Quant à leurs voisins les Feuillants, ils n'avaient pas besoin d'y envoyer: ils étaient renseignés heure par heure, minute par minute. C'était leur partie qui se jouait, et ils venaient de la gagner...

L'envoyé des Jacobins rentra au bout de dix minutes. Il avait rencontré les fuyards, qui lui avaient jeté cette terrible nouvelle ;

— La Fayette et Bailly égorgent le peuple !

Tout le monde n'avait pas pu entendre les cris désespérés de Bailly, tout le monde n'avait pu voir la Fayette se jetant à la gueule des canons.

L'envoyé revint donc jetant à son tour un cri de terreur dans l'assemblée, peu nombreuse, au reste ; — trente ou quarante Jacobins à peine étaient réunis dans le vieux couvent.

Ils comprirent que c'était sur eux que

les Feuillants allaient faire retomber la responsabilité de la provocation. La première pétition n'était-elle pas sortie de leur club? Ils l'avaient retirée, c'est vrai ; mais la seconde était évidemment la fille de la première.

Ils eurent peur.

Cette pâle figure, ce fantôme de la vertu, cette ombre de la philosophie de Rousseau qu'on appelait Robespierre, de pâle devint livide. Le prudent député d'Arras tenta de s'esquiver, et ne le put : force lui fut de rester, et de prendre un parti. Ce parti fut inspiré par l'effroi.

La société déclara qu'elle désavouait les imprimés faux ou falsifiés qu'on lui avait attribués, et qu'elle jurait de nouveau fidélité à la Constitution, obéissance aux décrets de l'Assemblée.

A peine venait-elle de faire cette déclaration, qu'à travers les vieux corridors des Jacobins, on entendit un grand bruit venant de la rue.

Ce bruit se composait de rires, de huées, de clameurs, de menaces, de chants. Les Jacobins, l'oreille tendue, espéraient qu'il allait passer outre, et suivre son chemin du côté du Palais-Royal.

Point! le bruit s'arrêta, fit halte, se fixa devant la porte basse et sombre qui ouvrait sur la rue Saint-Honoré, et, pour ajouter à la terreur qui régnait déjà, quelques-uns des assistants s'écrièrent :

— Ce sont les gardes soldés qui reviennent du Champ-de-Mars ?... Ils vont investir la salle !... Ils demandent à la démolir à coups de canon !...

Heureusement, des soldats avaient été, par précaution, mis en sentinelles aux portes. On ferma toutes les issues pour empêcher cette troupe, furieuse et ivre du sang qu'elle avait versé, d'en répandre de nouveau ; puis Jacobins et spectateurs sortirent peu à peu ; l'évacuation ne fut pas longue, car, de même que la salle renfermait à peine trente ou quarante membres, les tribunes ne contenaient guère plus de cent auditeurs.

Madame Roland, qui fut partout, ce jour-là, était de ces derniers. Elle raconte qu'un jacobin, à cette nouvelle que les troupes soldées allaient envahir la salle, perdit la tête à ce point qu'il sauta dans la tribune des femmes.

Elle, madame Roland, lui fit honte de cette terreur, et il s'en alla par où il était venu.

Cependant, comme nous l'avons dit, acteurs et spectateurs se glissaient les uns après les autres par la porte entr'ouverte.

Robespierre sortit à son tour.

Un instant il hésita. Tournerait-il à droite ou à gauche? C'était à gauche qu'il devait tourner pour rentrer chez lui; — il demeurait au fond du Marais, on le sait; — mais il lui fallait alors traverser les rangs de cette garde soldée.

Il préféra gagner le faubourg Saint-Honoré pour demander asile à Pétion, qui y demeurait.

Il tourna à droite.

Robespierre avait grande envie de rester inaperçu; mais le moyen, avec cet habit olive, sec de pureté civique, — l'habit rayé ne vint que plus tard; — avec ces lunettes qui témoignent qu'avant l'âge, les yeux de ce vertueux patriote se sont usés dans les veilles; avec cette démarche oblique de la belette et du renard?

A peine Robespierre eut-il fait vingt pas dans la rue, que deux ou trois personnes s'étaient déjà dit les unes aux autres :

— Robespierre !... vois-tu Robespierre ?... c'est Robespierre !

Les femmes s'arrêtent et joignent les mains : — les femmes aimaient fort Robespierre, qui, dans tous ses discours, avait grand soin de mettre en avant la sensibilité de son cœur.

— Comment, ce cher M. de Robespierre, c'est lui?

— Oui.

— Où donc cela?

— Là, là... Vois-tu ce petit homme mince et bien poudré, qui glisse le long de la muraille, et qui se dérobe par modestie.

Robespierre ne se dérobait point par modestie, il se dérobait par peur; mais qui eût osé dire que le vertueux, que l'incorruptible Robespierre, que le tribun du peuple se dérobait par peur?

Un homme alla le regarder sous le nez pour bien s'assurer que c'était lui.

Robespierre baissa son chapeau, ignorant dans quel but on le regardait.

L'homme le reconnut.

— Vive Robespierre! cria-t-il.

Robespierre eût mieux aimé avoir affaire à un ennemi qu'à un pareil ami.

— Robespierre? cria un autre plus fanatique encore; vive Robespierre! S'il faut absolument un roi, pourquoi pas lui?

O grand Shakespeare! « César est mort : que son assassin soit fait César! »

Certes, si un homme maudit sa popularité, ce fut Robespierre en ce moment.

Un cercle immense se formait autour de lui : il s'agissait de le porter en triomphe!

Il jeta, par-dessus ses lunettes, un regard effaré à droite et à gauche, cher chant quelque porte ouverte, quelque allée sombre où fuir, où se cacher.

Justement, il se sentit saisir par le bras, et tirer vivement de côté, tandis que, avec un accent amical, une voix lui disait tout bas :

— Venez !

Robespierre céda à l'impulsion, se laissa aller, vit une porte se refermer derrière lui, et se trouva dans la boutique d'un menuisier.

Ce menuisier était un homme de quarante-deux à quarante-cinq ans environ. Près de lui était sa femme ; dans une chambre au fond, deux belles jeunes filles, l'une de quinze ans, l'autre de dix-huit, dressaient le souper de la famille.

Robespierre était très pâle, et semblait sur le point de s'évanouir.

— Léonore, dit le menuisier, un verre d'eau !

Léonore, la fille aînée du menuisier, s'approcha toute tremblante, un verre d'eau à la main.

Peut-être les lèvres de l'austère tribun touchèrent-elles les doigts de mademoiselle Duplay.

Car Robespierre était chez le menuisier Duplay.

Pendant que madame Roland, qui sait le danger qu'il court, et qui se l'exagère encore, se rend inutilement au Marais pour lui offrir un asile chez elle, abandonnons Robespierre, qui est en sûreté au milieu de cette excellente famille Duplay, dont il va faire la sienne, pour entrer aux Tuileries à la suite du docteur Gilbert.

Cette fois encore, la reine attend; mais, comme ce n'est point Barnave qu'elle attend, elle est, non pas à l'entresol de madame Campan, mais chez elle, non pas debout, la main au loquet d'une porte, mais assise sur un fauteuil, la tête dans sa main.

Elle attend Weber, qu'elle a envoyé au Champ-de-Mars, et qui a tout vu des hauteurs de Chaillot.

Pour être juste envers la reine, et pour que l'on comprenne bien cette haine qu'elle portait, disait-on, aux Français, et qu'on lui a tant reprochée, après avoir raconté ce qu'elle a souffert pendant son voyage de Varennes, disons ce qu'elle a souffert depuis son retour.

Un historien pourrait être partial ; nous ne sommes qu'un romancier : la partialité ne nous est point permise.

Le roi et la reine arrêtés, le peuple n'eut plus qu'une idée : c'est que, ayant fui une première fois, ils pouvaient fuir une seconde, et, cette seconde fois, gagner la frontière.

La reine surtout était tenue pour une

magicienne capable, comme Médée, de s'envoler par une fenêtre sur un char traîné par deux dragons.

Ces idées n'avaient pas cours seulement parmi le peuple; elles trouvaient créance jusque chez les officiers chargés de garder Marie-Antoinette.

M. de Gouvion, qui l'avait laissée glisser entre ses mains lors de la fuite pour Varennes, et dont la maîtresse, femme de garde-robe, avait dénoncé le départ à Bailly; M. de Gouvion avait déclaré refuser toute responsabilité si une autre femme que madame de Rochereul — c'était, on se le rappelle, le nom de cette dame de garde-robe — avait le droit d'entrer chez la reine.

En conséquence, il avait, au bas de l'escalier conduisant à l'appartement royal, fait mettre le portrait de madame de Rochereul, afin que la sentinelle, constatant l'identité de chaque personne qui se présenterait, ne permît à aucune autre femme d'y entrer.

La reine fut instruite de cette consigne ; elle passa aussitôt chez le roi, et se plaignit à lui. Le roi n'y pouvait croire : il envoya au bas de l'escalier pour s'assurer du fait ; le fait était vrai.

Le roi fit appeler M. de la Fayette, et réclama de lui l'enlèvement de ce portrait.

Le portrait fut enlevé, et les femmes

ordinaires de la reine reprirent leur service près d'elle.

Mais, à la place de cette humiliante consigne, une précaution non moins blessante venait d'être arrêtée : les chefs de bataillon, qui stationnaient d'habitude dans le salon précédant la chambre à coucher de la reine, et qu'on appelait le grand cabinet, avaient l'ordre d'en tenir la porte incessamment ouverte, afin d'avoir toujours les yeux sur la famille royale.

Un jour, le roi se hasarda de fermer cette porte.

Aussitôt l'officier alla la rouvrir.

Un instant après, le roi la referma.

Mais, la rouvrant de nouveau.

— Sire, dit l'officier, il est inutile que vous refermiez cette porte : autant de fois vous la refermerez, autant de fois je la rouvrirai ; c'est la consigne.

La porte demeura ouverte.

Tout ce que l'on put obtenir des officiers, c'est que cette porte, sans être complètement fermée, serait poussée contre le chambranle, lorsque la reine s'habillerait ou se déshabillerait.

La reine habillée ou couchée, la porte, se rouvrait.

C'était une tyrannie intolérable. La reine eut l'idée de tirer près de son lit le lit de sa femme de chambre, de manière à ce que celui-ci se trouvât placé entre elle et la porte.

Ce lit, roulant et garni de rideaux, lui faisait un paravant derrière lequel elle pouvait s'habiller et se déshabiller.

Une nuit, l'officier, voyant que la femme de chambre dormait et que la reine veillait, profita de ce sommeil de la femme de chambre pour entrer chez la reine, et s'approcher de son lit.

La reine le regarda venir de cet air que savait prendre la fille de Marie-Thérèse quand on lui manquait de respect ; mais le brave homme, qui ne croyait aucunement manquer de respect à la reine, ne s'inquiéta point de son air, et, la regardant à son tour avec une expression de pitié à laquelle il n'y avait point à se tromper.

— Ah ! par ma foi ! dit-il, puisque je vous trouve seule, madame, il faut que je vous donne quelques conseils

Et à l'instant, sans se préoccuper de savoir si la reine voulait ou non l'entendre, il lui expliqua ce qu'il ferait, *s'il était à sa place*.

La reine, qui l'avait vu approcher avec colère, rassurée par son ton de bonhomie, l'avait laissé dire, et avait fini par l'écouter avec une mélancolie profonde.

Sur ces entrefaites, la femme de chambre se réveilla, et, voyant un homme près du lit de la reine, jeta un cri, et voulut appeler au secours.

Mais la reine l'arrêta.

— Non, Campan, dit-elle, laissez-moi écouter ce que dit monsieur... Monsieur est un bon Français trompé, comme tant d'autres, sur nos intentions, et ses discours annoncent un véritable attachement à la royauté.

Et l'officier, jusqu'au bout, avait dit à la reine ce qu'il avait à lui dire.

Avant de partir pour Varennes, Marie-Antoinette n'avait pas un cheveu gris.

Pendant la nuit qui suivit la scène

que nous avons racontée entre Charny et elle, ses cheveux blanchirent presque complètement.

En s'apercevant de cette triste métamorphose, elle sourit avec amertume, en coupa une boucle, et l'envoya à madame de Lamballe, à Londres, avec ces mots :

« Blanchis par le malheur! »

Nous l'avons vue attendant Barnave, nous avons assisté aux espérances de celui-ci ; mais, ces espérances, il avait eu grande difficulté à les faire partager à la reine.

Marie-Antoinette craignait les scènes de violence : jusqu'alors, ces scènes avaient constamment tourné contre elle ; témoin le 14 juillet, les 5 et 6 octobre, l'arrestation à Varennes.

Elle avait entendu des Tuileries le bruit de la fatale décharge du Champ-de-Mars ; son cœur s'en était profondément inquiété. A tout prendre, ce voyage de Varennes avait été un grand enseignement pour elle. Jusqu'à ce moment, la révolution n'avait point, à ses yeux, dépassé la hauteur d'un système de M. Pitt, d'une intrigue du duc d'Orléans ; elle croyait Paris conduit par quelques meneurs ; elle disait avec le roi : « Notre bonne province ! »

Elle avait vu la province : la province avait été plus révolutionnaire que Paris !

L'Assemblée était bien vieille, bien radoteuse, bien décrépite pour tenir vaillamment les engagements que Barnave avait pris en son nom ; d'ailleurs, n'était-elle pas près de mourir ? L'embrassement d'une mourante n'était pas bien sain !

La reine attendait donc, comme nous l'avons dit, Weber avec une grande anxiété.

La porte s'ouvrit : elle tourna vivement les yeux de ce côté ; mais, au lieu de la bonne grosse figure autrichienne de son frère de lait, elle vit apparaître le visage sévère et froid du docteur Gilbert.

La reine n'aimait pas ce royaliste aux théories constitutionnelles, si bien arrêtées, qu'elle le regardait comme un républicain ; et, cependant, elle avait pour lui un certain respect ; elle ne l'eût envoyé chercher ni dans une crise physique, ni dans une crise morale ; mais, lui une fois là, elle subissait son influence.

En l'apercevant elle tressaillit.

Elle ne l'avait pas revu depuis la soirée du retour de Varennes.

— C'est vous, docteur, murmura-t-elle.

Gilbert s'inclina.

— Oui, madame, dit-il, c'est moi... Je sais que vous attendiez Weber ; mais, les nouvelles qu'il vous apporte, je les apporte bien plus précises encore. Il était du côté de la Seine où l'on n'égorgeait pas, et, moi, au contraire, j'étais du côté de la Seine où l'on égorgeait...

— Où l'on égorgeait! Qu'est-il donc arrivé, monsieur? demanda la reine.

— Un grand malheur, madame : le parti de la cour a triomphé !

— Le parti de la cour a triomphé ! Et vous appelez cela un malheur, monsieur Gilbert ?

— Oui, parce qu'il a triomphé par un

de ces moyens terribles qui énervent le triomphateur, et qui parfois le couchent à côté du vaincu !

— Mais que s'est-il donc passé ?

— La Fayette et Bailly ont tiré sur le peuple ; de sorte que voilà la Fayette et Bailly hors d'état de vous servir désormais.

— Pourquoi cela ?

— Parce qu'ils sont dépopularisés.

— Et que faisait ce peuple sur lequel on a tiré ?

— Il signait une pétition demandant la déchéance.

— La déchéance de qui ?

— Du roi.

— Et vous trouvez que l'on a eu tort de tirer sur lui? demanda la reine, dont l'œil étincela.

— Je crois qu'on eût mieux fait de le convaincre que de le fusiller.

— Mais de quoi le convaincre?

— De la sincérité du roi.

— Mais le roi est sincère!

— Pardon, madame... Il y a trois jours, j'ai quitté le roi ; toute ma soirée s'était passée à essayer de lui faire comprendre que ses véritables ennemis, ce sont ses frères, M. de Condé, les émigrés. J'avais, à genoux, supplié le roi de rompre toute relation avec eux, et d'adopter franchement la Constitution, sauf à en réviser les articles dont la pratique ferait reconnaître l'application impossible. Le roi, convaincu, — je le croyais du moins, — avait eu la bonté de me promettre que c'était fini entre lui et l'émigration ; et, derrière moi, madame, le roi a signé et vous a fait signer, à vous, une lettre pour son frère, pour Monsieur, lettre dans laquelle il le charge de ses pouvoirs auprès de l'empereur d'Autriche et du roi de Prusse...

La reine rougit comme un enfant pris en faute ; mais un enfant pris en faute courbe la tête : elle, au contraire, se révolta.

— Nos ennemis ont-ils des espions jusque dans le cabinet du roi?

— Oui, madame, répondit tranquillement Gilbert, et c'est ce qui rend, de la part du roi, toute démarche fausse si dangereuse.

— Mais, monsieur, la lettre était tout entière écrite de la main du roi ; elle a été — aussitôt signée par moi — pliée et cachetée par le roi, puis remise au courrier qui devait la porter.

— C'est vrai, madame.

— Le courrier a donc été arrêté ?

— La lettre a été lue.

— Mais nous ne sommes donc entourés que de traîtres ?

— Tous les hommes ne sont pas des comte de Charny !

— Que voulez-vous dire ?

— Hélas ! je veux dire, madame, qu'un des augures fatals qui présagent la perte des rois, c'est quand ils éloignent d'eux des hommes qu'ils devraient attacher à leur fortune par des liens de fer.

— Je n'ai point éloigné M. de Charny, dit amèrement la reine ; c'est M. de Charny qui s'est éloigné. Quand les rois deviennent malheureux, il n'y a plus de liens assez forts pour retenir près d'eux leurs amis.

Gilbert regarda la reine, et secoua doucement la tête.

— Ne calomniez pas M. de Charny, madame, ou le sang de ses deux frères criera, du fond de la tombe, que la reine de France est ingrate !

— Monsieur! fit Marie-Antoinette.

— Oh! vous savez bien que je dis la vérité, madame, reprit Gilbert, vous savez bien qu'au jour où un véritable danger vous menacera, M. de Charny sera à son poste, et que ce poste sera celui du danger.

La reine baissa la tête.

— Enfin, dit-elle avec impatience, vous n'étiez pas venu pour me parler de M. de Charny, je suppose ?

— Non, madame, mais les idées sont

parfois comme les évènements, elles s'enchaînent par des fils invisibles, et telles sont tirées tout à coup au jour qui devraient rester cachées dans l'obscurité du cœur... Non, je venais pour parler à la reine; pardon, si, sans le vouloir, j'ai parlé à la femme, mais me voici prêt à réparer mon erreur.

— Et que vouliez-vous dire à la reine, monsieur ?

— Je voulais lui mettre sous les yeux sa situation, celle de la France, celle de l'Europe, je voulais lui dire : « Madame, vous jouez le bonheur ou le malheur du monde en partie liée, vous avez perdu la première manche au 6 octobre, vous venez, aux yeux de vos courtisans du moins, de gagner la seconde. A partir de demain, vous allez engager ce que l'on nomme *la belle ;* si vous perdez, il y va du trône, de la liberté, peut-être de la vie ! »

— Et, dit la reine en se redressant vivement, croyez-vous, monsieur, que nous reculerons devant une pareille crainte?

— Je sais que le roi est brave : il est petit-fils de Henri IV ; je sais que la reine est héroïque : elle est fille de Marie-Thérèse ; je n'essaierai donc jamais vis-à-vis d'eux que de la conviction ; malheureusement, je doute que j'arrive jamais à faire passer dans le cœur du roi et de la reine la conviction qui est dans le mien.

— Pourquoi, alors, prendre une pareille peine, monsieur, si vous la jugez inutile?

— Pour remplir un devoir, madame... Croyez-moi, il est doux, quand on vit dans des temps orageux comme les nôtres de se dire, à chaque effort que l'on fait, cet effort dût-il être infructueux : « C'est un devoir que je remplis! »

La reine regarda Gilbert en face.

— Avant toute chose, monsieur, dit-elle, pensez-vous qu'il soit possible encore de sauver le roi?

— Je le crois.

— Et la royauté?

— Je l'espère.

— Eh bien! monsieur, dit la reine avec un soupir profondément triste, vous êtes plus heureux que moi, je crois que l'un et l'autre sont perdus, et je ne me débats, pour mon compte, qu'en acquit de ma conscience.

— Oui, madame, je comprends cela parce que vous voulez la royauté despotique et le roi absolu ; comme un avare qui ne sait, même en vue d'un rivage prêt à lui rendre plus qu'il ne perd dans son naufrage, sacrifier une partie de sa fortune, et qui veut garder tous ses trésors, vous vous noierez avec les vôtres, entraînée par leur poids... Faites la part de la tempête, jetez au gouffre tout le passé, s'il le faut, et nagez vers l'avenir !

— Jeter le passé au gouffre, c'est rompre avec tous les rois de l'Europe.

— Oui, mais c'est faire alliance avec le peuple français.

— Le peuple français est notre ennemi ! dit Marie-Antoinette.

— Parce que vous lui avez appris à douter de vous.

— Le peuple français ne peut pas lutter contre une coalition Européenne.

— Supposez à sa tête un roi qui veuille franchement la Constitution, et le peuple français fera la conquête de l'Europe.

— Il faut une armée d'un million d'hommes pour cela.

— On ne fait pas la conquête de l'Europe avec un million d'hommes, madame ; on fait la conquête de l'Europe avec une idée... Plantez sur le Rhin et sur les Alpes deux drapeaux tricolores avec ces mots : « Guerre aux tyrans ! liberté aux peuples ! » et l'Europe sera conquise.

— En vérité, monsieur, il y a des moments où je suis tentée de croire que les plus sages deviennent fous !

— Ah ! madame, madame, vous ne savez donc pas ce que c'est, en ce moment, que la France aux yeux des nations? La France, avec quelques crimes individuels, quelques excès locaux, mais qui ne tachent point sa robe blanche, qui ne souillent pas ses mains pures, cette France, c'est la vierge de la liberté ; le monde tout entier est amoureux d'elle ; des Pays-Bas, du Rhin, de l'Italie, des millions de voix l'invoquent ! Elle n'a qu'à mettre un pied hors de la frontière, et les peuples l'attendront à genoux.. La France arrivant les mains pleines de liberté, ce n'est plus une nation ; c'est la justice immuable ! c'est la raison éternelle !... Oh ! madame, madame, profitez de ce qu'elle n'est point encore entrée dans la violence, car, si vous attendez trop longtemps, ces mains qu'elle étend sur le monde, elle les retournera contre elle-même... Mais la Belgique, mais l'Allemagne, mais l'Italie suivent chacun de ses mouvements avec des regards d'amour et de joie ; la Belgique lui dit : « Viens ! » l'Allemagne lui dit : « Je t'attends ! » l'Italie lui dit : « Sauve-moi ! » Au fond du Nord, une main inconnue n'a-t-elle pas écrit sur le bureau de Gustave : « Pas de guerre à la France ! » D'ailleurs, aucun de ces rois que vous appelez à votre aide n'est prêt à nous faire la guerre, madame. Deux empires nous haïssent profondément ; quand je dis deux empires, je veux dire une impératrice et un ministre ; Catherine II et M. Pitt ; mais ils sont impuissants contre nous, à cette heure du moins. Catherine II tient la Turquie sous une de ses griffes, et la Pologne sous l'autre; elle en aura bien pour deux ou trois ans à soumettre l'une et à dévorer l'autre; elle pousse les Allemands vers nous; elle leur offre la France; elle fait honte à votre frère Léopold de son inaction; elle lui montre le roi de Prusse envahissant la Hollande pour un simple déplaisir fait à sa sœur; elle lui dit : « Marchez donc! » mais elle ne marche pas. — M. Pitt avale l'Inde en ce moment; il est comme le serpent boa : cette laborieuse digestion l'engourdit; si nous attendons qu'elle soit achevée, il nous attaquera à son tour, non point tant par la guerre étrangère que par la guerre civile... Je sais que vous en avez une peur mortelle, de ce Pitt; je sais que vous avouez, madame, que vous ne parlez pas de lui sans avoir la *petite mort*. Voulez-vous un moyen de le frapper au cœur ? c'est de faire de la France une république avec un roi ! — Au lieu de cela, que faites-vous, madame ? au lieu de cela, que fait votre amie la princesse de Lamballe ? Elle dit à l'Angleterre, où elle vous représente, que toute l'ambition de la France est d'arriver à la grande Charte ; que la révolution française, bridée et montée par le roi, va marcher à reculons ! Et que répond Pitt à ces avances ? qu'il ne souffrira pas que la France devienne république ; qu'il sauvera la monarchie ; mais toutes les caresses, toutes les instances, toutes les prières de madame de Lamballe n'ont pu lui faire promettre qu'il sauverait le monarque; car, le monarque, il le hait! N'est-ce pas Louis XVI, roi constitutionnel, roi philosophe, qui lui a disputé l'Inde et arraché l'Amérique? Louis XVI! mais Pitt ne désire qu'une chose, c'est que l'histoire en fasse un pendant à Charles Ier!

— Monsieur! monsieur! s'écria la reine épouvantée, qui donc vous dévoile toutes ces choses?

— Les mêmes hommes qui me disent ce qu'il y a dans les lettres que Votre Majesté écrit.

— Mais nous n'avons donc plus une pensée qui nous appartienne?

— Je vous ai dit, madame, que les rois de l'Europe étaient enveloppés d'un invisible réseau dans lequel ceux qui voudraient résister se débattront inutilement. Ne résistez pas, madame : mettez-vous à la tête des idées que vous essayez de tirer en arrière, et le réseau vous deviendra une armure, et ceux qui vous haïssent deviendront vos défenseurs, et ces poignards invisibles qui vous menacent deviendront des épées prêtes à frapper vos ennemis !

— Mais ceux que vous appelez nos ennemis, monsieur, vous oubliez toujours que ce sont les rois nos frères.

— Eh ! madame, appelez une fois les Français vos enfants, et vous verrez, alors, le peu que vous sont ces frères selon la politique et la diplomatie ! D'ailleurs, tous ces rois, tous ces princes, ne vous semblent-ils point marqués du sceau fatal, du sceau de la folie ? Commençons par votre frère Léopold, caduc à quarante-quatre ans, avec son harem toscan transporté à Vienne, ranimant ses facultés mourantes par des excitants meurtriers qu'il se fabrique lui-même... Voyez Frédéric ; voyez Gustave ; l'un qui est mort, l'autre qui mourra sans postérité, — car, aux yeux de tous, il est connu que l'héritier royal de Suède est le fils de Monk, et non celui de Gustave... Voyez le roi de Portugal, avec ses trois cents religieuses .. Voyez le roi de Saxe, avec ses trois cent cinquante-quatre bâtards...

Voyez Catherine, cette Pasiphaë du Nord, à qui un taureau ne saurait suffire, et qui a trois armées pour amants!... Oh! madame, madame, ne vous apercevez-vous pas que tous ces rois et toutes ces reines marchent au gouffre, à l'abîme, au suicide, et que, si vous vouliez, vous... vous! au lieu de marcher comme eux, au suicide, à l'abîme, au gouffre, vous marcheriez à l'empire du monde, à la monarchie universelle?

— Pourquoi donc ne dites-vous point cela au roi, monsieur Gilbert? demanda la reine ébranlée.

— Eh! je le lui dis, mon Dieu! mais, comme vous avez les vôtres, il a ses mauvais génies qui viennent défaire ce que j'ai fait!

Puis, avec une profonde mélancolie :

— Vous avez usé Mirabeau, vous usez Barnave ; vous m'userez après eux et comme eux, et tout sera dit!

— Monsieur Gilbert, fit la reine, attendez-moi ici... j'entre un instant chez le roi, et je reviens.

Gilbert s'inclina ; la reine passa devant lui, et sortit par la porte qui conduisait chez le roi.

Le docteur attendit dix minutes, un quart d'heure, une demi-heure ; enfin, une porte s'ouvrit, mais opposée à celle par laquelle était sortie la reine.

C'était un huissier qui, après avoir regardé de tous côtés avec inquiétude, s'avança vers Gilbert, fit un signe maçonnique, lui remit une lettre, et s'éloigna.

Gilbert ouvrit la lettre et lut.

« Tu perds ton temps, Gilbert : en ce moment, la reine et le roi écoutent M. de Breteuil, qui arrive de Vienne, et qui leur apporte ce plan de politique.

« *Faire de Barnave comme de Mirabeau ;*
« *gagner du temps, jurer la Constitution,*
« *l'exécuter littéralement, pour montrer*
« *qu'elle est inexécutable. La France se re-*
« *froidira, s'ennuiera ; les Français ont la*
« *tête légère, il se fera quelque mode nouvel-*
« *le, et la liberté passera.*

« *Si la liberté ne passe pas, on aura ga-*
« *gné un an; et, dans un an, nous serons*
« *prêts à la guerre.* »

« Laisse donc là ces deux condamnés, qu'on appelle encore, par dérision, le roi et la reine, et rends-toi sans perdre un instant à l'hôpital du Gros-Caillou ; tu y trouveras un mourant, moins malade qu'eux, car, ce mourant, peut-être pourras-tu le sauver, tandis qu'eux, sans que tu puisses les sauver, t'entraîneront dans leur chute ! »

Le billet n'avait point de signature ; mais Gilbert reconnut l'écriture de Cagliostro.

En ce moment, madame Campan entra; cette fois, c'était par la porte de la reine.

Elle remit à Gilbert un petit billet conçu en ces termes :

« Le roi prie M. Gilbert de lui mettre par écrit tout le plan politique qu'il vient d'exposer à la reine.

« La reine, retenue par une affaire importante, a le regret de ne pouvoir revenir près de M. Gilbert; il serait donc inutile qu'il l'attendît plus longtemps. »

Gilbert lut, resta un instant pensif, et, secouant la tête :

— Les insensés! murmura-t-il.

— N'avez-vous rien à faire dire à

Leurs Majestés, monsieur? demanda madame Campan.

Gilbert donna à la femme de chambre la lettre sans signature qu'il venait de recevoir.

— Voici ma réponse, dit-il.

Et il sortit.

VII

Plus de maître! plus de maîtresse!

Avant de suivre Gilbert dans cet hôpital du Gros-Caillou, où le réclament les soins à donner à ce blessé inconnu recommandé par Cagliostro, jetons un dernier coup d'œil sur l'Assemblée, qui va se dissoudre, après l'acceptation de cette constitution à laquelle est suspendue la non-déchéance du roi, et voyons quel parti la cour tirera de cette fatale victoire du 17 juillet, qui, deux ans plus tard, coûtera la tête à Bailly. Puis nous reviendrons aux héros de cette histoire, que nous avons un peu perdus de vue, emportés qu'ils sont par la tourmente politique, qui nous force de mettre sous les yeux des lecteurs ces grands troubles de la rue où les individus disparaissent pour faire place aux masses.

Nous avons vu le danger couru par Robespierre, et nous savons comment, grâce à l'intervention du menuisier Duplay, il a échappé au triomphe peut-être mortel qui allait être déféré à sa popularité.

Tandis qu'il soupe en famille dans une petite salle à manger donnant sur la cour, avec le mari, la femme et les deux filles, — ses amis, instruits du péril auquel il a été exposé, s'inquiètent de lui.

Madame Roland surtout. — Créature dévouée, elle oublie qu'elle a été vue et reconnue sur l'autel de la patrie, et qu'elle court le même risque que les autres. Elle commence par recueillir chez elle Robert et mademoiselle de Kéralio; puis, comme on lui dit que l'Assemblée doit, cette même nuit, dresser un acte d'accusation contre Robespierre, elle va, pour prévenir celui-ci, au fond du Marais, et, ne le trouvant pas, elle revient quai des Théatins, chez Buzot.

Buzot est un des admirateurs de madame Roland; elle sait toute l'influence qu'elle a sur Buzot. C'est pour cela qu'elle s'adresse à lui.

Buzot fait immédiatement passer un mot à Grégoire. Si l'on attaque Robespierre aux Feuillants, Grégoire le défendra aux Feuillants; si l'on attaque Robespierre à l'Assemblée, lui, Buzot, défendra Robespierre à l'Assemblée.

C'est d'autant plus méritoire de sa part qu'il n'adore pas Robespierre.

Grégoire alla aux Feuillants, et Buzot à l'Assemblée: il ne fut pas question d'accuser Robespierre ni aucun autre. Députés et Feuillants étaient épouvantés de leur propre victoire, consternés du pas sanglant qu'ils avaient fait au profit des royalistes. A défaut d'accusation contre les hommes, on en porta une contre les clubs ; un membre de l'Assemblée demanda leur fermeture immédiate. On crut un instant qu'il allait y avoir unanimité pour cette mesure ; mais Duport, mais la Fayette réclamèrent : fermer les clubs, c'était fermer les Feuillants. La Fayette et Duport n'étaient point encore désillusionnés sur la force que cette arme mettait entre leurs mains. Ils croyaient que les Feuillants remplaceraient les Jacobins, et que, par l'immense machine, ils dirigeraient l'esprit de la France.

Le lendemain, l'Assemblée reçut le

double rapport du maire de Paris et du commandant de la garde nationale. Tout le monde avait intérêt à se tromper : la comédie fut facile à jouer.

Le commandant et le maire parlèrent de l'immense désordre qu'il leur avait fallu comprimer ; de la pendaison du matin, et des coups de feu du soir, — deux choses qui n'avaient aucune corrélation ; — du danger qui avait menacé le roi, l'Assemblée, la société tout entière, — danger qu'ils savaient mieux que personne n'avoir jamais existé.

L'Assemblée les remercia d'une énergie qu'ils n'avaient jamais eu l'idée de déployer, les félicita d'une victoire que chacun déplorait au fond du cœur, et rendit grâce au ciel, qui avait permis que l'on anéantît d'un seul coup l'insurrection et les insurgés.

A entendre les félicités et les félicitants, la révolution était terminée.

La révolution commençait !

Pendant ce temps, les anciens Jacobins, jugeant du lendemain par la veille, se croyaient attaqués, poursuivis, traqués, et se préparaient à se faire pardonner leur importance réelle à force de feinte humilité. Robespierre, encore tout tremblant d'avoir été proposé pour roi à la place de Louis XVI, rédigea une adresse au nom des présents et des absents.

Dans cette adresse, il remerciait l'Assemblée de ses *généreux efforts*, de sa *sagesse*, de sa *fermeté*, de sa *vigilance*, de sa *justice impartiale et incorruptible*.

Comment les Feuillants n'auraient-ils pas repris courage, et ne se seraient-ils pas crus tout-puissants en voyant cette humilité de leurs ennemis ?

Un instant, ils se crurent, non-seulement les maîtres de Paris, mais encore les maîtres de la France.

Hélas ! les Feuillants n'avaient point compris la situation : en se séparant des

Jacobins, ils avaient fait tout simplement une seconde assemblée doublure de la première. La similitude entre les deux compagnies était telle, que, aux Feuillants comme à la chambre, on n'entrait qu'en payant contribution, qu'à la condition d'être citoyen actif, électeur des électeurs.

Le peuple avait deux chambres bourgeoises, au lieu d'une.

Ce n'était point cela qu'il voulait.

Il voulait une chambre populaire, qui fût, non pas l'alliée, mais l'ennemie de l'Assemblée nationale ; qui n'aidât point celle-ci à reconstituer la royauté, mais qui la forçât de la détruire.

Les Feuillants ne répondaient donc aucunement à l'esprit public; aussi le public les abandonna dans ce court trajet qu'ils venaient de faire.

Leur popularité se perdit en traversant la rue.

En juillet, la province comptait quatre cents sociétés ; sur ces quatre cents sociétés, trois cents correspondaient également avec les Feuillants et les Jacobins ; cent avec les Jacobins seuls.

De juillet à septembre, il se créa six cents autres sociétés dont pas une ne correspondit avec les Feuillants.

Et, au fur et à mesure que les Feuillants s'affaiblissaient, les Jacobins se reconstituaient sous la main de Robespierre. — Robespierre commençait à être l'homme le plus populaire de France.

La prédiction de Cagliostro à Gilbert s'accomplissait à l'endroit du petit avocat d'Arras.

Peut-être la verrons-nous s'accomplir aussi fidèlement à l'endroit du petit Corse d'Ajaccio.

En attendant, l'heure qui devait voir la fin de l'Assemblée nationale sonnait ; elle sonnait lentement, c'est vrai, comme pour ces vieillards chez lesquels la vie s'éteint et se consume goutte à goutte,

Après avoir voté trois mille lois, l'Assemblée venait d'achever enfin la révision de la Constitution.

Cette constitution, c'était une cage de fer dans laquelle, presque malgré elle, presque à son insu, elle avait enfermé le roi.

Elle avait doré les barreaux de la cage ; mais, au bout du compte, tout dorés qu'ils étaient, les barreaux ne dissimulaient pas la prison.

En effet, la volonté royale était devenue impuissante ; c'était une roue qui recevait le mouvement au lieu de l'imprimer. Toute la résistance de Louis XVI était dans son *veto* qui, pour trois ans, suspendait l'exécution des décrets rendus, si ces décrets ne convenaient pas au roi; alors, la roue cessait de tourner, et, par son immobilité, arrêtait toute la machine.

A part cette force d'inertie, la royauté de Louis XIV et de Henri IV, toute d'initiative sous ces deux grands rois, n'était plus qu'une majestueuse inutilité.

Cependant, le jour où le roi devait jurer la Constitution approchait.

L'Angleterre et les émigrés écrivaient au roi :

« Périssez, s'il le faut; mais ne vous avilissez pas en jurant ! »

Léopold et Barnave disaient :

« Jurez toujours : tiendra qui pourra. »

Enfin, le roi décida la question par cette phrase :

« Je déclare que je ne vois point dans la Constitution des moyens suffisants d'action et d'unité ; mais, puisque les opinions sont diverses sur ce sujet, je consens que l'expérience en demeure seul juge. »

Restait à savoir dans quel lieu la Constitution serait présentée à l'acceptation du roi ; aux Tuileries ou à l'Assemblée ?

Le roi trancha la difficulté en annonçant qu'il jurerait la Constitution là où elle avait été votée.

Le jour fixé par le roi était le 13 septembre.

L'Assemblée reçut cette communication avec des applaudissements unanimes.

Le roi venait à elle !

Dans un élan d'enthousiasme, la Fayette se leva et demanda une amnistie universelle pour ceux qui étaient accusés d'avoir favorisé la fuite du roi.

L'Assemblée vota l'amnistie par acclamation.

Ce nuage qui un instant avait assombri le ciel de Charny et d'Andrée se dissipa donc aussitôt que formé.

Une députation de soixante membres fut nommée pour remercier le roi de sa lettre.

Le garde des sceaux se leva et courut annoncer au roi cette députation.

Le matin même, un décret avait aboli l'ordre du Saint-Esprit, autorisant le roi seul à porter ce cordon, emblème de la haute aristocratie.

La députation trouva le roi décoré de la seule croix de Saint-Louis, et, comme Louis XVI s'aperçut de l'effet que produisait sur les députés l'absence du cordon bleu :

— Messieurs, dit-il, vous avez aboli ce matin l'ordre du Saint-Esprit en le conservant pour moi seul ; mais un ordre, quel qu'il soit, n'ayant à mes yeux d'autre prix que celui de pouvoir être communiqué, à partir d'aujourd'hui je le tiens comme aboli pour moi aussi bien que pour les autres.

La Reine, le Dauphin et Madame Royale se tenaient debout près de la porte ; la reine pâle, les dents serrées, toutes les fibres frémissantes ; — Madame Royale, déjà passionnée, violente, hautaine, impressionnée des humiliations passées, présentes et futures ; — le Dauphin, insoucieux comme un enfant : seul, il semblait, par son sourire et le mouvement qu'il se donnait, un personnage vivant dans un groupe de marbre.

Quant au roi, quelques jours auparavant, il avait dit à M. de Montmorin :

— Je sais bien que je suis perdu... Tout ce qu'on tentera désormais en faveur de la royauté, qu'on le tente pour mon fils.

Louis XVI répondit avec une sincérité apparente au discours de la députation.

Puis, lorsqu'il eut fini, se tournant vers la reine et la famille royale :

— Voilà, dit-il, ma femme et mes enfants qui partagent tous mes sentiments.

Oui, femme et enfants les partageaient, car, lorsque la députation se fut retirée, que le roi l'eut suivie d'un regard inquiet, la reine d'un regard haineux, les deux époux se rapprochèrent, et Marie-Antoinette, posant sa main blanche et froide comme du marbre sur le bras du roi :

— Ces gens-là, dit-elle en secouant la tête, ne veulent plus de souverains. Ils démolissent la monarchie pierre à pierre, et, de ces pierres, ils nous font un tombeau !

Elle se trompait, pauvre femme ! ensevelie dans la bière des pauvres, elle ne devait pas même avoir un tombeau.

Mais la chose sur laquelle elle ne se trompait pas, c'était ces atteintes de tous les jours à la prérogative royale.

M. de Malouet était président de l'Assemblée ; c'était un royaliste pur sang, cependant il se crut obligé de mettre en délibération si l'Assemblée resterait debout ou assise, tandis que le roi prononcerait son serment.

— Assise ! assise ! cria-t-on de toutes parts.

— Et le roi ? demanda M. de Malouet.

— Debout et tête nue ! cria une voix.

L'Assemblée entière tressaillit.

Cette voix était isolée, mais nette, forte, vibrante; elle semblait la voix du peuple, qui ne se fait entendre solitaire que pour mieux être entendue.

Le président pâlit.

Qui avait prononcé ces paroles? Étaient-elles parties de la salle ou des tribunes?

N'importe! elles avaient une telle puissance, que le président fut forcé d'y répondre.

— Messieurs, dit-il, il n'y a point de circonstance où la nation assemblée en présence du roi ne le reconnaisse pour son chef. Si le roi prête son serment debout, je demande que l'Assemblée l'écoute dans la même attitude.

Alors, la même voix se fit entendre.

— J'ai, dit-elle, à proposer un amendement qui mettra tout le monde d'accord. Décrétons qu'il sera permis à M. de Malouet et à quiconque préférera cette posture, d'écouter le roi à genoux ; mais maintenons la proposition.

La proposition fut écartée.

C'était le lendemain de cette discussion que le roi devait prêter serment. La salle était comble ; les tribunes regorgeaient de spectateurs.

A midi, on annonça le roi.

Le roi parla debout ; l'Assemblée l'écouta debout ; puis, le discours prononcé, on signa l'acte constitutionnel, et tout le monde s'assit.

Alors, le président — c'était Thouret — se leva pour prononcer son discours ; mais après les deux ou trois premières phrases, voyant que le roi ne se levait point, il s'assit lui-même.

Cette action provoqua les applaudissements des tribunes.

A ces applaudissements plusieurs fois répétés, le roi ne put s'empêcher de pâlir.

Il tira son mouchoir de sa poche, et

essuya la sueur qui ruisselait sur son front.

La reine assistait à la séance dans une loge particulière ; elle ne put en supporter davantage ; elle se leva, sortit, fermant violemment la porte, et se fit ramener aux Tuileries.

Elle rentra sans dire un seul mot, même à ses plus intimes. Depuis que Charny n'était plus près d'elle, son cœur absorbait le fiel, mais ne le rendait pas.

Le roi rentra une demi heure après elle.

— La reine? demanda-t-il aussitôt.

On lui indiqua où elle était.

Un huissier voulait marcher devant lui.

Il l'écarta d'un signe, ouvrit les portes lui-même, et apparut tout à coup sur le seuil de la chambre où se trouvait la reine.

Il était si pâle, si défait, la sueur coulait à si larges gouttes sur son front, que la reine, en l'apercevant, se leva tout debout et poussa un cri.

— Oh! Sire, dit-elle, qu'est-il donc arrivé?

Le roi, sans répondre, se jeta dans un fauteuil, et éclata en sanglots.

— Oh! madame, madame, s'écria-t-il,

pourquoi avez-vous assisté à cette séance? Fallait-il que vous fussiez témoin de mon humiliation! Est-ce donc pour cela que, sous prétexte d'être reine, je vous ai fait venir en France?

Une pareille explosion de la part de Louis XVI était d'autant plus déchirante qu'elle était rare. La reine n'y put tenir, et, courant au roi, elle se laissa tomber à genoux devant lui.

En ce moment, le bruit d'une porte qu'on ouvrait la fit retourner. C'était madame Campan qui entrait.

La reine étendit le bras vers elle.

— Oh! laissez-nous, Campan, dit-elle, laissez-nous!

Madame Campan ne se trompa point au sentiment qui portait la reine à l'éloigner. Elle se retira respectueusement; mais, debout derrière la porte, elle entendit longtemps les deux époux échangeant des phrases entrecoupées par des sanglots.

Enfin, les interlocuteurs se turent, les sanglots se calmèrent; au bout d'une demi heure, la porte se rouvrit, et la reine elle-même appela madame Campan.

— Campan, dit-elle, chargez-vous de remettre cette lettre à M. de Malden; elle est adressée à mon frère Léopold. Que M. de Malden parte à l'instant pour

Vienne; il faut que cette lettre y arrive avant la nouvelle de ce qui s'est passé aujourd'hui... S'il a besoin de deux ou trois cents louis, donnez-les-lui; je vous les rendrai.

Madame Campan prit la lettre et sortit. Deux heures après, M. de Malden partait pour Vienne.

Ce qu'il y avait de pis dans tout cela, c'est qu'il fallait sourire, caresser, avoir l'air joyeux.

Pendant tout le reste de la journée les Tuileries furent remplies d'une foule prodigieuse. Le soir, la ville entière étincela d'illuminations. On invita le roi et la reine à se promener aux Champs-

Élysées en voiture, escortés par les aides-de-camp et les chefs de l'armée parisienne.

A peine parurent-ils, que les cris de « Vive le roi » et « Vive la reine ! » se firent entendre. Mais, dans un intervalle où ces cris s'éteignaient, et où la voiture était arrêtée :

— Ne les croyez pas, dit un homme du peuple à la mine farouche, et qui se tenait les bras croisés près du marche-pied. Vive la nation !

La voiture se remit en marche au pas ; mais l'homme du peuple appuya sa main sur la portière, marchant du même pas qu'elle, et, chaque fois que le peuple criait : « Vive le roi ! vive la reine ! » répétant de sa même voix stridente :

— Ne les croyez pas... Vive la nation !

La reine rentra le cœur broyé de cet incessant coup de marteau qui frappait avec la périodicité de l'entêtement et de la haine.

Des représentations s'organisèrent aux différents théâtres : d'abord à l'Opéra, puis à la Comédie-Française, puis aux Italiens.

A l'Opéra et aux Français, *on fit la salle*, et le roi et la reine furent reçus par des acclamations unanimes ; mais, lorsqu'on voulut prendre les mêmes précautions pour les Italiens, il n'était plus temps : le parterre avait été loué en masse.

On comprit qu'il n'en serait pas des Italiens comme de l'Opéra et des Français, et que, probablement, il y aurait du bruit le soir.

La crainte se tourna en certitude, quand on vit la façon dont le parterre était composé.

Danton, Camille Desmoulins, Legendre, Santerre, y occupaient les premières places. Au moment où la reine entrait dans sa loge, les galeries essayèrent d'applaudir.

Le parterre chuta.

La reine plongea avec terreur son regard dans cette espèce de cratère béant devant elle : elle vit, comme à travers une atmosphère de flamme, des yeux pleins de colère et de menace.

Elle ne connaissait aucun de ces hommes de vue, quelques-uns pas même de nom.

— Que leur ai-je donc fait, mon Dieu ? se demandait-elle en cherchant à dissimuler son trouble sous un sourire, et pourquoi me détestent-ils ainsi ?

Tout-à-coup, son regard s'arrêta avec terreur sur un homme debout contre une des colonnes sur lesquelles reposait la galerie.

Cet homme la regardait avec une effrayante fixité.

C'était l'homme du château de Taverney, l'homme du retour de Sèvres, l'homme du jardin des Tuileries ; c'était l'homme aux paroles menaçantes, aux actions mystérieuses et terribles !

Une fois les yeux de la reine arrêtés sur cet homme, ils ne purent plus s'en détourner. Il exerçait sur elle la fascination du serpent sur l'oiseau.

Le spectacle commença : la reine fit un effort, rompit le charme, parvint à détourner la tête, et à regarder sur la scène.

On jouait les *Évènements imprévus* de Grétry.

Mais, quelque effort que fit Marie-Antoinette pour distraire sa pensée de l'homme mystérieux, malgré elle, et comme par l'effet d'une puissance magnétique plus forte que sa volonté, elle se détournait et dardait son regard effrayé dans cette seule et unique direction.

Et l'homme était sans cesse à la même place, immobile, sardonique, railleur. C'était une obsession douloureuse, intime, fatale ; quelque chose de semblable, pendant la veille, à ce qu'est le cauchemar pendant la nuit.

Au reste, une sorte d'électricité flottait dans la salle. Ces deux colères suspendues ne pouvaient manquer de se heurter, comme, aux jours orageux d'août, deux nuages arrivant des deux extrémités de l'horizon, et, comme ces deux nuages se heurtant, de dégager l'éclair, sinon la foudre.

L'occasion se présenta enfin.

Madame Dugazon, cette charmante femme qui a donné son nom à un emploi, avait un duo à chanter avec le ténor, et, dans ce duo, elle disait ces vers :

Oh! comme j'aime ma maîtresse!

La vaillante créature s'élança sur le devant de la scène, leva les yeux et les bras vers la reine, et jeta la fatale provocation.

La reine comprit que là était la tempête.

Elle se détourna épouvantée, et ses yeux se portèrent involontairement sur l'homme de la colonne.

Elle crut lui voir faire un signe de commandement auquel tout le parterre obéit.

En effet, d'une seule voix, d'une voix terrible, le parterre cria :

— Plus de maître! plus de maîtresse! Liberté!...

Mais, à ce cri, loges et galeries répondirent :

— Vive le roi! vive la reine! vivent à jamais notre maître et notre maîtresse!

— Plus de maître! plus de maîtresse! Liberté! liberté! liberté! hurla une seconde fois le parterre.

Puis cette double déclaration de guerre jetée et acceptée, la lutte commença.

La reine poussa un cri de terreur et ferma les yeux; elle ne se sentait plus la force de regarder ce démon, qui semblait le roi du désordre, l'esprit de la destruction.

Au même instant, les officiers de la garde nationale l'enveloppèrent, lui faisant un rempart de leur corps, et l'entraînant hors de la salle.

Mais, dans les corridors, ce cri continua de la poursuivre :

— Plus de maître! plus de maîtresse! plus de roi! plus de reine!

On la porta évanouie dans sa voiture.

Ce fut la dernière fois que la reine alla au spectacle...

Le 30 septembre, l'Assemblée constituante, par l'organe de son président Thouret, déclarait qu'elle avait rempli sa mission, et terminait ses séances.

Voici, en quelques lignes, le résultat de ses travaux, qui avaient duré deux ans et quatre mois :

La désorganisation complète de la monarchie ;

L'organisation du pouvoir populaire ;

La destruction de tous les privilèges nobiliaires et ecclésiastiques ;

Douze cent millions d'assignats décrétés ;

L'hypothèque mise sur les biens nationaux ;

La liberté des cultes reconnue ;

Les vœux monastiques abolis;

Les lettres de cachet détruites ;

L'égalité des charges publiques établie ;

Les douanes intérieures supprimées ;

La garde nationale instituée ;

Enfin, la Constitution votée et soumise à l'acceptation du roi.

Il eût fallu avoir de bien tristes prévisions pour croire, — roi ou reine de France, — que l'on eût plus à craindre de l'Assemblée qui allait se réunir que de celle qui venait de se dissoudre.

VIII

Les adieux de Barnave.

Le 2 octobre, c'est-à-dire le surlendemain de la dissolution de la Constituante, à l'heure où il avait l'habitude de voir la reine, Barnave était introduit, non plus dans l'entresol de madame Campan, mais dans là pièce que l'on appelait le grand cabinet.

Le soir même du jour où le roi avait juré la constitution, sentinelles, aide-de-camp de la Fayette avaient disparu de l'intérieur du château, et si le roi n'était pas redevenu puissant, il était au moins redevenu libre.

C'était une petite compensation à cette humiliation dont nous l'avons vu se plaindre si amèrement à la reine.

Sans être reçu publiquement et avec l'apparat d'une audience solennelle, Barnave n'allait donc plus cette fois être soumis aux précautions qu'avait jusqu'alors nécessité sa présence aux Tuileries.

Il était très pâle et paraissait fort triste ; cette tristesse et cette pâleur frappèrent la reine.

Elle le reçut debout, quoiqu'elle connût le respect qu'avait pour elle le jeune avocat, et qu'elle fût bien certaine qu'il ne ferait point, — si elle s'asseyait, — ce qu'avait fait le président Thouret en voyant que le roi ne se levait pas.

— Eh bien ! monsieur Barnave, dit-elle, vous voilà content, le roi a suivi votre avis, il a juré la constitution,

— La reine est bien bonne, répondit

Barnave en s'inclinant, de dire que le roi a suivi mon avis... Si cet avis n'eût point été en même temps celui de l'empereur Léopold, et du prince de Kaunitz, peut-être sa Majesté eût-elle mis une hésitation plus grande à accomplir cet acte, le seul pourtant qui pût sauver le roi, si le roi pouvait...

Barnave s'arrêta.

— Pouvait être sauvé... n'est-ce pas, monsieur, c'est cela que vous voulez dire? reprit la reine, abordant la question en face avec ce courage, et, nous pouvons ajouter, avec cette audace qui lui était particulière.

— Dieu me garde, madame, de me

faire le prophète de pareils malheurs ! Et cependant, près de quitter Paris, près de m'éloigner pour toujours de la reine, je ne voudrais ni trop désespérer Sa Majesté, ni lui laisser trop d'illusions.

— Vous quittez Paris, monsieur Barnave ? vous vous éloignez de moi ?

— Les travaux de l'assemblée dont j'étais membre sont finis, madame, et, comme l'assemblée a décidé qu'aucun constituant ne pourrait faire partie de la législative, je n'ai plus aucun motif pour rester à Paris.

— Pas même celui de nous être utile, monsieur Barnave ?

Barnave sourit tristement.

— Pas même celui de vous être utile, madame, car en effet à partir d'aujourd'hui, ou plutôt d'avant-hier, je ne puis plus vous être utile à rien.

— Oh! monsieur, dit la reine, vous présumez trop peu de vous-même!

— Hélas! non, madame, je me juge et je me trouve faible... je me pèse, et je me trouve léger... ce qui faisait ma force, force dont je suppliais la monarchie de se servir comme d'un levier, c'était mon influence à l'assemblée, ma domination aux Jacobins; c'était enfin ma popularité si péniblement, si laborieusement acquise; mais l'assemblée est dissoute; mais les Jacobins sont devenus les Feuillants, et j'ai grand peur que les Feuillants n'aient joué, en se séparant des Jacobins, un bien mauvais jeu... enfin, madame, ma popularité...

Barnave sourit plus tristement encore que la première fois.

— Enfin, ma popularité est perdue!

La reine regarda Barnave, et une lueur étrange qui ressemblait à un éclair de triomphe passa dans ses yeux.

— Eh bien! dit-elle, vous voyez donc, monsieur, que la popularité se perd.

Barnave poussa un soupir.

La reine comprit qu'elle venait de commettre une de ces petites cruautés qui lui étaient habituelles.

En effet, si Barnave avait perdu sa popularité, si un mois avait suffi pour cela, s'il avait été forcé de courber la tête sous la parole de Robespierre, à qui la faute? N'était-ce pas à cette monarchie fatale qui entraînait tout ce qu'elle touchait vers l'abîme où elle courait elle-même; à ce destin terrible qui, de Marie-Antoinette, comme de Marie Stuart, faisait une espèce d'ange de la mort vouant au tombeau tous ceux auxquels elle apparaissait?

Elle revint donc en quelque sorte sur ses pas, et sachant gré à Barnave d'avoir répondu par un simple soupir, quand il eût pu répondre par ces mots foudroyans : « Pour qui ai-je perdu ma popularité, madame, sinon pour vous? » elle reprit :

— Mais non, vous ne partirez point, n'est-ce pas, monsieur Barnave ?

— Certes, dit Barnave, si la reine m'ordonne de rester, je resterai, comme reste sous le drapeau un soldat qui a son congé et que l'on garde pour la bataille ; mais si je reste, savez-vous ce qui arrivera, madame? Au lieu d'être faible, je deviendrai traître !

— Comment cela, monsieur? dit la

reine légèrement blessée ; expliquez-vous : je ne vous comprends pas.

— La reine me permet-elle de la placer bien en face de la situation, non-seulement où elle se trouve, mais encore où elle va se trouver ?

— Faites, monsieur ; je suis habituée à sonder les abîmes, et si j'étais facile au vertige, déjà depuis longtemps, je serais précipitée.

— La reine regarde peut-être l'Assemblée qui se retire comme son ennemie ?

— Distinguons, monsieur Barnave ; dans cette Assemblée j'ai eu des amis ;

mais vous ne nierez pas que la majorité de cette Assemblée n'ait été hostile à la royauté.

— Madame, dit Barnave, l'Assemblée n'a fait qu'un acte d'hostilité contre le roi et vous : c'est le jour où elle a décrété qu'aucun de ses membres ne pourrait faire partie de la Législative.

— Je ne vous comprends pas bien, monsieur, expliquez-moi cela, dit la reine avec le sourire du doute.

— C'est bien simple : elle a arraché le bouclier du bras de vos amis.

— Et un peu aussi, ce me semble, l'épée de la main de mes ennemis.

— Hélas! madame, vous vous trompez! le coup vient de Robespierre, et il est terrible comme tout ce qui vient de cet homme! D'abord vis-à-vis de l'Assemblée nouvelle, il vous jette dans l'inconnu. Avec la Constituante, vous saviez qui combattre, quoi combattre : avec la Législative, c'est une nouvelle étude à faire. Puis, remarquez bien ceci, madame, en proposant qu'aucun de nous ne pût être réélu, Robespierre a voulu mettre la France dans cette alternative, de prendre ou la couche qui nous est supérieure ou la couche qui nous est inférieure. Au-dessus de nous rien n'existe : l'émigration a tout désorganisé; et, en supposant même que la noblesse soit demeurée en France, ce n'est point parmi les nobles que le peuple irait chercher ses représentants. Au-dessous de nous, soit! c'est au-dessous de nous que le peuple a pris ses députés : alors, l'Assemblée entière sera démocrate; il y aura des nuances dans cette démocratie, voilà tout.

On voyait sur le visage de la reine qu'elle suivait avec une attention profonde la démonstration de Barnave, et que, commençant à comprendre, elle commençait à s'effrayer.

— Tenez, continua Barnave, je les ai vus ces députés, car, depuis trois ou quatre jours déjà, ils affluent à Paris; j'ai vu particulièrement ceux qui arrivent de Bordeaux. Ce sont presque tous des hommes sans nom, mais qui ont hâte de s'en faire un, d'autant plus pressés qu'ils sont jeunes. A part Condorcet, Brissot et quelques autres, les plus vieux d'entre eux ont à peine trente ans. C'est l'avènement de la jeunesse chassant l'âge mûr, et détrônant la tradition. Plus de cheveux blancs! une nouvelle France va siéger en cheveux noirs.

— Et vous croyez, monsieur, que nous avons plus à craindre de ceux qui arrivent que de ceux qui s'en vont?

— Oui, madame, car ceux qui arrivent, arrivent armés d'un mandat : faire la guerre aux nobles et aux prêtres! Quant au roi, on ne se prononce pas encore sur lui, on verra... s'il veut se contenter d'être pouvoir exécutif, peut-être lui pardonnera-t-on le passé.

— Comment! s'écria la reine, comment! lui pardonner le passé?... mais ce serait au roi de pardonner, je présume!

— Eh bien! justement; vous voyez, voilà où l'on ne s'entendra jamais : ceux qui arrivent, madame, — et vous en aurez malheureusement la preuve, — ne garderont même pas les ménagements hypocrites de ceux qui s'en vont... Pour eux, je tiens cela d'un député de la Gironde, d'un de mes confrères nommé Vergniaud,—pour eux, le roi, c'est l'ennemi!

— L'ennemi? dit la reine avec étonnement.

— Oui, madame, répéta Barnave,

l'ennemi! c'est-à-dire le centre volontaire ou involontaire de tous les ennemis intérieurs et extérieurs ; hélas! oui, il faut bien l'avouer, — et ils n'ont pas tout à fait tort ces nouveaux venus, qui croient avoir découvert une vérité, et qui n'ont d'autre mérite que de dire tout haut ce que vos plus ardents adversaires n'osaient dire tout bas...

— Ennemi? répéta la reine; le roi, ennemi de son peuple? Oh! par exemple, monsieur Barnave, voilà une chose dont non-seulement vous ne me ferez jamais convenir, mais encore que vous ne me ferez jamais comprendre !

— C'est cependant la vérité, madame ; ennemi de nature, ennemi de tempérament! Il y a trois jours, il a accepté la Constitution. n'est-ce pas?

— Oui ; eh bien ?

— Eh bien, en rentrant ici, le roi s'est presque trouvé mal de colère, et, le soir, il a écrit à l'empereur.

— Mais aussi comment voulez-vous que nous supportions de pareilles humiliations ?

— Ah ! vous le voyez bien, madame : ennemi, fatalement ennemi... Ennemi volontaire, car, élevé par M. de la Vauguyon, le général du parti jésuitique, le roi a son cœur dans la main des prêtres, qui sont les ennemis de la nation! ennemi involontaire, car il est le chef obligé de la contre-révolution ; et, supposez même qu'il ne quitte point Paris, il est à Coblentz avec l'émigration, en Vendée avec les prêtres, à Vienne et en Prusse avec ses alliés Léopold et Frédéric. Le roi ne fait rien... j'admets qu'il ne fasse rien, madame, dit tristement Barnave ; eh bien ! à défaut de sa personne, on exploite son nom : dans la chaumière, dans la chaire, dans le château, c'est le pauvre roi, le bon roi, le saint roi ! de sorte que, au règne de la révolution, on oppose une révolte terrible, madame : la révolte de la pitié !

— En vérité, monsieur Barnave, est-ce bien vous qui me dites ces choses, et n'avez-vous pas été le premier à nous plaindre ?

— Oh! madame, oui, je vous plaignais! oui, je vous plains encore, et bien sincèrement! mais il y a cette différence entre moi et ceux dont je parle, c'est qu'ils vous plaignent, eux, pour vous perdre, et que je vous plains, moi, pour vous sauver!

— Mais, enfin, monsieur, parmi ceux qui arrivent et qui, s'il faut vous en croire, viennent nous faire une guerre d'extermination, y a-t-il quelque chose de convenu d'avance, un plan arrêté?

— Non, madame, et je n'ai encore surpris que des appréciations vagues : la suppression du titre de *majesté* pour la séance d'ouverture ; au lieu du trône, un simple fauteuil à la gauche du président.

— Voyez-vous là-dedans quelque chose de plus que dans M. Thouret s'asseyant parce que le roi était assis?

— C'est, au moins, un nouveau pas en avant, au lieu d'être un pas en arrière... Puis il y a encore ceci d'effrayant, madame, c'est que MM. la Fayette et Bailly vont être remplacés !

— Oh ! quant à ceux-là, dit vivement la reine, je ne les regrette pas !

— Et vous avez tort, madame : M. Bailly et M. de la Fayette sont vos amis...

La reine sourit amèrement.

— Vos amis, madame ! vos derniers amis peut-être ! Ainsi ménagez-les ; s'ils ont sauvé quelque popularité, usez-en, mais hâtez-vous : leur popularité ne tardera point à émigrer, comme a fait la mienne.

— Au bout de tout cela, monsieur, vous me montrez l'abîme, vous me conduisez jusqu'à son cratère, vous m'en faites mesurer la profondeur, mais vous ne me dites pas le moyen de l'éviter.

Barnave resta muet un instant.

Puis, poussant un soupir :

— Ah ! madame, murmura-t-il, pourquoi donc vous a-t-on arrêtés sur la route de Montmédy.

— Bon ! dit la reine, voilà M. Barnave qui approuve la fuite de Varennes !

— Je ne l'approuve pas, madame ; car la situation où vous vous trouvez aujourd'hui est la conséquence naturelle de cette fuite; mais, puisque cette fuite devait avoir une telle conséquence, je déplore qu'elle n'ait pas mieux réussi.

— De sorte que, aujourd'hui, M. Barnave, membre de l'Assemblée nationale, délégué par cette Assemblée, avec MM. Pétion et Latour-Maubourg, pour ramener le roi et la reine à Paris, déplore que le roi et la reine ne soient pas à l'étranger ?

— Oh! entendons-nous bien, madame; celui qui déplore cela, ce n'est point le membre de l'Assemblée; ce n'est point le collègue de MM. Latour-Maubourg et Pétion; c'est le pauvre Barnave, qui n'est plus rien que votre humble serviteur, prêt à donner pour vous sa vie, c'est-à-dire tout ce qu'il possède.

— Merci, monsieur, dit la reine ; l'accent avec lequel vous me faites l'offre me prouve que vous seriez homme à la tenir ; mais j'espère n'avoir pas un pareil dévoûment à exiger de vous.

— Tant pis pour moi, madame ! répondit simplement Barnave.

— Comment, tant pis ?

— Oui... Tomber pour tomber, j'aurais voulu du moins tomber en combattant, tandis que voici ce qui va arriver, madame : qu'au fond de mon Dauphiné, où je vais vous être inutile, je ferai des vœux bien plus encore pour la femme jeune et belle, pour la mère tendre et dévouée, que pour la reine ; les mêmes fautes qui ont fait le passé prépareront l'avenir : vous compterez sur un secours étranger qui n'arrivera pas, ou qui arrivera trop tard ; les jacobins s'empareront du pouvoir dans l'Assemblée et hors de l'Assemblée ; vos amis quitteront la France pour fuir la persécution ; ceux qui resteront seront arrêtés, emprisonnés : je serai de ceux-là, car je ne veux pas fuir ! Alors, je serai jugé, condamné ; peut-être ma mort obscure vous sera inutile, inconnue même ; ou si le bruit de cette mort arrive jusqu'à vous, je vous aurai été d'un si pauvre secours, que vous aurez oublié les quelques heures pendant lesquelles j'ai pu espérer pouvoir vous être utile...

— Monsieur Barnave, dit la reine avec une grande dignité, j'ignore complètement quel est le sort que l'avenir nous réserve, au roi et à moi; mais, ce que je sais, c'est que les noms des gens qui nous ont rendu service sont scrupuleusement inscrits dans notre mémoire, et que rien de ce qui arrivera d'heureux ou de malheureux à ceux-là ne nous sera étranger... En attendant, monsieur Barnave, pouvons-nous quelque chose pour vous?

— Beaucoup... vous personnellement, madame... Vous pouvez me prouver que je n'étais pas tout à fait un être sans valeur à vos yeux.

— Et que faut-il faire pour cela?

Barnave mit un genou en terre.

— Me donner votre main à baiser, madame.

Une larme vint jusqu'aux paupières sèches de Marie-Antoinette ; elle étendit vers le jeune homme cette main blanche et froide que devaient, à un an de distance, toucher les lèvres les plus éloquentes de l'Assemblée : celles de Mirabeau et de Barnave.

Barnave l'effleura seulement ; on voyait que le pauvre insensé craignait, s'il appuyait ses lèvres sur cette belle main de marbre, de ne plus pouvoir s'en détacher.

Puis, en se relevant :

— Madame, reprit-il, je n'aurai pas, moi, l'orgueil de vous dire : « La monarchie est sauvée ! » mais je vous dis : « Si la monarchie est perdue, celui qui n'oubliera jamais la faveur qu'une reine vient de lui accorder, celui-là est perdu avec elle ! »

Et, saluant la reine, il sortit.

Marie-Antoinette le regarda, s'éloigna en soupirant, et quand la porte se fut refermée sur Barnave :

— Pauvre citron vide ! dit-elle, il ne leur a pas fallu beaucoup de temps pour ne laisser de toi que l'écorce !...

FIN DU DOUZIÈME VOLUME.

TABLE

DU DOUZIÈME VOLUME.

Chap. I. L'entresol des Tuileries. 1
II. La journée du 16 juillet. 47
III. Où nous arrivons, enfin, à cette protestation que recopiait madame Roland. . . 77
IV. La Pétition. 109
V. Le Drapeau rouge. 147
VI. Après le massacre. 185
VII. Plus de maître! plus de maîtresse! . . 237
VIII. Les adieux de Barnave. 277

Imp. de E. Dépée, à Sceaux.

Ouvrages de George Sand.

Adriani	2 vol.
Mont-Revêche.	4 vol.
La Filleule.	4 vol.
Les Maîtres Sonneurs.	4 vol.
François le Champi.	2 vol.
Piccinino.	5 vol.
Le Meunier d'Angibault.	3 vol.
Lucrezia Floriani.	2 vol.
Teverino.	2 vol.
La Mare au Diable.	2 vol.

Ouvrages de Paul Duplessis.

Les grands jours d'Auvergne.
Première partie, *Raoul Sforzi*.	5 vol.
Deuxième partie, *Le gracieux Maurevert* . . .	4 vol.

Les Étapes d'un Volontaire.
Première partie, *Le Roi de Chevrières*. . . .	4 vol.
Deuxième partie, *Moine et Soldat*.	4 vol.
Troisième partie, *Monsieur Jacques*.	4 vol.
Le Capitaine Bravaduria.	2 vol.
La Sonora	4 vol.

Sous presse :

Les Pervertis.
Un monde inconnu.
Le Grand-Justicier du roi.

Ouvrages de Paul de Kock.

Un Monsieur très-tourmenté	2 vol.
Les Étuvistes	8 vol.
La Bouquetière du Château-d'Eau . . .	6 vol.

Fontainebleau, imp. de E. Jacquin.

www.ingramcontent.com/pod-product-compliance
Lightning Source LLC
Chambersburg PA
CBHW060416170426
43199CB00013B/2167